数字科学家

课程培训教材

数字科学家课程培训教材设计

书名：数字科学家课程培训教材

主编：毛澄洁

编委：

王华辉	郝立萍	覃 芳	梁志成	马 亮	眭衍波
梁 婷	吴俊杰	毛 云	项杰庭	王熙淳	李雅楠
于 峰	程 莉	赵 峰	管 悦	刘 晶	瞿 涛
张海涛	朱向彤	车英子	沈 耘	史丽强	宋 洁

图书在版编目（ＣＩＰ）数据

数字科学家课程培训教材 / 毛澄洁主编 . -- 南京 ：
江苏人民出版社，2016.10
ISBN 978-7-214-19647-7

Ⅰ . ①数… Ⅱ . ①毛… Ⅲ . ①科学知识－中小学－教
材 Ⅳ . ① G634.71

中国版本图书馆 CIP 数据核字 (2016) 第 228149 号

书 名	数字科学家课程培训教材	

主 编	毛澄洁	
责 任 编 辑	司丽丽	
出 版 发 行	凤凰出版传媒股份有限公司	
	江苏人民出版社	
出 版 社 地 址	南京市南湖路 1 号 A 楼，邮编：210009	
出 版 社 网 址	http://www.jspph.com	
	http://jspph.taobao.com	
经 销	凤凰出版传媒股份有限公司	
印 刷	三河市冠宏印刷装订有限公司	
	三河市杨庄镇杨庄村，邮编：065200	
开 本	880 毫米 ×1230 毫米 1/16	
印 张	16.5	
字 数	400 千字	
版 次	2016 年 10 月第 1 版 2016 年 10 月第 1 次印刷	
标 准 书 号	ISBN 978-7-214-19647-7	
定 价	58.00 元	

目 录

第一章

理论与实践篇

一、数字科学家计划（ESP）
——大数据时代科学教育整合的一种解决方案

科技与科学教育因社会发展的不同阶段而肩负着不同的使命，也因时代的进步而日益走向社会舞台的中心。过去的科技与科学教育的使命定位在发现科学知识和传递科学知识，今天的科技与科学教育则肩负着提高每一个公民的科学素养水平，肩负着破解能源、生态、环境与社会等发展危机的难题，引领人类文明可持续发展的重要使命。随着人类走进信息时代，并由此走向大数据时代，各种矛盾日益突显，科技与科学教育面临着新的机遇与挑战。

大数据时代科技与科学教育面临着诸多的问题

首先，科学出现了新的形态。现代科学之父伽利略是个里程碑式的人物，正是伽利略明确地将实物实验和数学推理方法引入到了科学研究之中，科学才得以系统而迅速地发展。从那时起，科学家们开始以实物实验和数学推理的方式认识自然世界，科学因此形成了两种形态，其一是实物实验形态，其二是数学推理形态。随着科学发展到今天的大数据时代，一些科学家和工程师离不开借助计算机手段研究事物，科学出现了基于计算机的第三种形态——计算形态。各个学科的边界变得模糊，科学研究的方式有了新的变化。以前学科分化越来越精细，但是科学发展到今天，信息科学、纳米技术、生物科学和生命科学、认知和神经科学被公认为最具革命性的学科领域，这四种科技的整合，将对人类社会产生深刻地影响，并可能再次改变人类的物种。学科在高度分化的基础之上开始走向学科之间的渗透和融合，特别是开始走向自然与人的融合。基于计算机的整合是当今科学发展与突破的必由之路。但是如何整合却是仁者见仁智者见智之事。

其次，技术的高速发展带来了日益严重的社会问题。比如生命科学中的克隆技术直接挑战人类社会传统的伦理问题；还比如对于自然界的无节制索取，带来了日益严重的能源危机和生态环境恶化危机等。

此外，物质生活的丰富与网络的言论自由带来了日益高涨的民主与平等的社会诉求。这些问题可能直接源自高速发展的科技，以至于我们的精神与理解出现相对滞后。诸多危机与问题要得到根治，除了需要加快人类智慧文明发展，还需要科技与科学教育的进一步高度发展，此所谓解铃还须系铃人。科学史上，科学家们为人类积累了丰富的化解人类危机的智慧与知识。

最后，一方面"科教兴国"得到普遍共识，人们开始懂得在科学教育之信息化方面投入大量的人力和物力；另一方面人们对技术的发展给生存环境构成影响认识不足，主要表现在看不到现代教育技术的革命性影响潜力，或者在现代教育技术面前感到茫然。这种状况除了造成设备因为闲置而带来的严重浪费现象之外，还限制了我们破解当今科技与科学教育难题的思考与方法。

为了解决诸多危机与冲突，需要探讨各种可行而有效的解决方案。通过分析大数据时代的科学教育的现状不难发现，如果只是从局部进行个别改动，问题难以有效地得到解决，当今的科学教育问题要想从根本上得以解决，必须运用系统观念，从整体上改变或者构建科学教育体系，换句话讲，需要从整合的角度才能提出可行的解决方案。

数字科学家计划

针对大数据时代人类面临的诸多危机，人们提出了一些对策与良方，其中影响最大的是国际 21 世纪教育委员会在向联合国教科文组织(UNESCO) 提出的 21 世纪教育的四大支柱策略：

（1）学会认知 (learning to know)：培养学生学会运用认知工具求知，学会发现问题，学会探究知识，学会构建知识。即培养学生认知方法，引导学生通过发现、探究和意义构建的途径获取知识，培养学生的继续学习能力。

（2）学会做事 (learning to do)：既要学会实践，也要学会创造。重视建造可供学生参与的环境，激发学生兴趣，使学习者通过环境的交互作用，通过实践，通过做事获得知识和能力。

（3）学会合作 (learning to together)：要培养学生学会与他人

共同生活，就要学会合作生活，合作学习，从过去的集中教学方式到个别学习方式，到现在提倡的协作学习。

（4）学会生存（learning to be）：学会生活、学会做人、学会自身的发展。既要传授知识，还要注重能力和高尚情操的培养。

在科学教育领域之中形成了一种强调亲自动手学习科学的潮流。在美国、法国、英国、加拿大等国的国家科学课程改革方案中，科学探究被列为课程目标和课程体系的关键而基本的要素。"学习必须是主动的"已成为国际上基本的教育理念。其中影响较大的有"做中学"、"Hands-on"（动手做）、"Minds-on"（动脑做）、"STEM"（科学、技术、工程、数学）等科学教育实践。这些科学教育实践旨在使学生以科学的方法学习知识，强调学习方法、思维方法、学习态度的培养。

这些先进的科学教育理念与实践推动了科学教育的创新与实践，但是实践表明，一个好的理念要想转化为教学行为，往往需要一个较长时期的培训与转化过程，这个过程是艰难的，特别是对于教师和学生需要具有一定的专业理解能力。能否综合上述先进的科学教育理念，提出一种直观、易懂而且有效的科学教育模式的推广方案呢？数字科学家计划（E-Scientist Project，ESP）给出了一种大数据时代下科学教育模式的推广方案。

所谓数字科学家计划，就是一种大数据环境下以提高每一个学生科学素养水平为宗旨，以探究式教学为鲜明特征，以科学思想、科学方法和数据挖掘方法为核心，播种未来科学家种子的教学模式的推广方案。

数字科学家计划主要有两方面特征，其一，数字科学家是一种科学教育模式符号，以"科学家"符号将抽象的科学教育理念人物化和直观化，即准确地表述了现代的科学教育理念，也便于师生理解与实施。榜样的力量是无穷的，虽然科学不能解决人类所有的问题，但是科学家们为我们积累的知识、思想、方法、科学精神过去是将来也是破解社会难题的重要途径；其二，强调发挥大数据环境下第三种科学形态的育人功能，这是当今科技与科学教育创新的重要切入点。

数字科学家的教学模式是在 Web Quest（基于网络的主题探究）模式的基础上改造而成的。主要有以下五个模块：

（1）核心问题：Web Quest 的核心是设置一个开放性的问题。这个问题设定了 Web Quest 的清晰目标，鼓励学生回顾原先掌握的知识，激发学习者进一步探索的动机。

（2）任务指南：提供一个"脚手架"，引导学生设计、经历和体验专家的思维过程。"脚手架"将令人望而生畏的探究项目打碎成若干个片段，引导学生研究较为复杂的科学问题。

（3）海量资源：创建一些到其他互联网站点的链接来共享网络资源。通过运用多样化的互联网资源，可以为不同学习水平或不同学习方式的学生提供信息资源。

（4）实施"做中学"：要提供高层次的思维指南，体现"做中学"的教学理念，保证动脑和动手的教学方式落在实处。

（5）交流与评价：Web Quest 一般用量规提供了自我评估的标准，提示学生已经学到了什么，并鼓励把这种探究的经验扩展到其他领域。评价人员可以是教师，也可以是家长或同学。

数字科学家计划产生于北京师范大学项华教授的北京市教育科学"十一五"规划课题（数字科学家计划：基于数据探究理论的物理选修课程建设与研究，2010年立项），已经在北京景山学校、北京一〇一中学、北京师范大学亚太实验学校等学校展开实验。该项目在课题阶段探讨了校本特色选修课程的建设，但是随着课题研究的深入开展，数字科学家计划已经不再局限于校本选修课程，开始运用到正规的物理课堂教学；也不仅局限在物理学科教学，已经开始运用到小学高年级的科学课程与教学；还不仅局限在学校科学教学，已经开始运用于北京市东城区青少年科技馆的科普性质科学课程，并配合教学，于2013年11月份成功地举办了北京市东城区"数码探科学"大赛。大赛令人耳目一新，引起了学者和教师的广泛关注。著名教育家顾明远先生在颁奖会上讲到，这次大赛让人们看到了大数据环境下的教学实践，同学们在数码探究中有模有样，学到了科学思想、科学方法，体验到了数码探究的乐趣。

经过三年的探索与实践，数字科学家计划已经从课题研究转向项目推广的初期阶段。初步建设了数字科学家网站，形成了一种大数据环境下的科学教育模式，也形成数字科学家课程的教师培训经验，还形成低、中、高端数字环境装备下课程实施经验。已经具备了在更大范围试验与推广的条件。

数据探究理论——数字科学家计划的基石

探讨破解大数据时代的科学教育难题的途径涉及大而复杂的社会问题，仅凭经验而没有理论的指导难以理解与完成。但是数字科学家计划已经形成了一些基本的概念与教学原理。这些基本概念与教学原理构成了所谓的数据探究理论。数据探究理论是数字科学家计划的基石。

信息（Information）是数据探究理论的逻辑起点。何谓信息？这是一个复杂而神奇的概念，学者们有着不同的见解，美国数学家和控制论创始人维纳这样定义信息：信息就是信息，既非物质，也非能量。北京师范大学项华教授考虑到人的因素，对信息进行了如下的定义：信息既不是物质，也不是能量，而是物质的波-粒二象性与人相互作用的存在形式。

数据（Data）是数据探究理论的另一个重要概念。数据是载荷或记录信息而留下的明确印迹。数据可以是数字、文字、图像、录像，也可以是计算机代码等。对数据背景的解读是获取意义的一种途径。数据背景是接收者针对特定数据的意义准备，即当接收者了解数据序列的规律，并知道每个数据或数据组合的指向性目标和含义时，便可以获得数据所载荷的意义。观察数据或者数据挖掘就是对数据背景的解读过程。数字科学家计划的核心环节在于信息观测、数据挖掘和数据价值与交流。

探究式教学是一种以科学探究为基本特征的教学模式，其实质是引导学生通过类似科学家的探索过程理解科学概念和科学本质。依据科学的三种形态，将探究式教学分成实物实验探究、数学推理探究和数据探究。所谓数据探究是一种基于计算机的探究式教学，是提高学生数据素养水平的必要途径。数据探究与其说是一种适应大数据时代的手段和途径，不如说是大数据时代的一种生活理念和生活态度。

数据探究在教师观、学生观、学习观和评价观上均具有新的内涵。简单介绍如下：

（1）教师是数据探究的促进者与合作者。

（2）学生是具有创造能力的学习主体。数据探究应该把学生置于一个有社会意义的团体中，培养"共生性"与"交互性"，体验创造的意义和价值。还应该体现STS教育，强调人对自然、社会、人生的责任和义务。

（3）数据探究是一个建构的、社会化的综合体验过程。学习者总是依据已有经验、心理结构和信念来选择一些信息或者数据，从中经过数据挖掘得到推论，并根据推论来构建关于对世界的认识。

（4）评价是开放、多元的反馈过程。数据探究评价认为学习是一种建构独特意义的过程，注重对于探究过程的评价，关注评价的开放性与多元性。

总之，数字科学家计划在理论与实践上为我们提供了一种大数据时代科学教育整合的解决方案。

二、数字科学家计划宣讲

数字科学家
Scientist

深度学习视域下的创客教育
——以数字科学家计划为例

北京师范大学 项华教授

2016.6.15

计算机能够为学科教学做些什么？

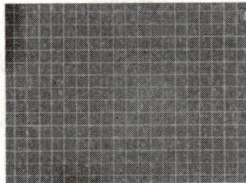

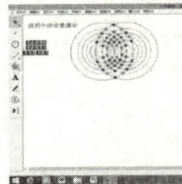

02 案例1：小鸟的安全距离？

02 案例2：书法大师的探究

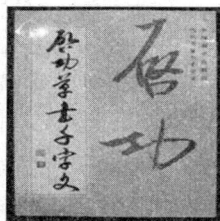

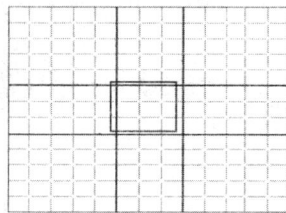

对欧阳询、柳公权等前人经典楷书、行书碑帖产生好奇，从数学、美学的原理上，论证了汉字结构的"黄金分割律"。

03 案例3：小钢珠的加速度多大？

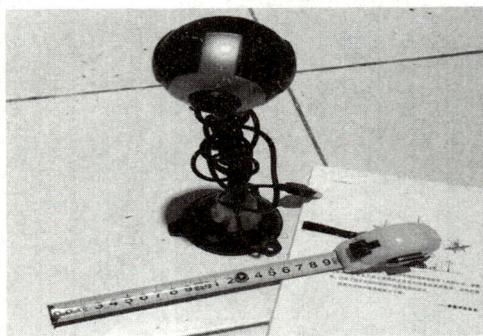

02

$a = 7.01(\text{cm/s}^2)$

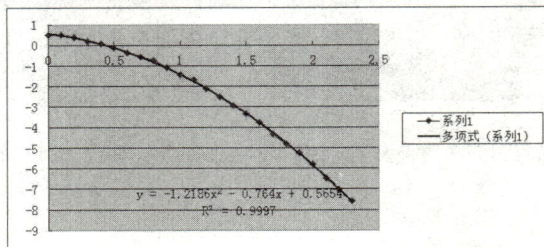

$y = -1.2196x^2 - 0.784x + 0.5656$
$R^2 = 0.9997$

教育界的两个世纪之问??

"为什么我们的学校总是培养不出杰出的人才？"

"为什么计算机改变了几乎所有领域，却唯独对学校教育的影响小得令人吃惊？"

01 破解世纪之问

21世纪是一个崭新的世纪

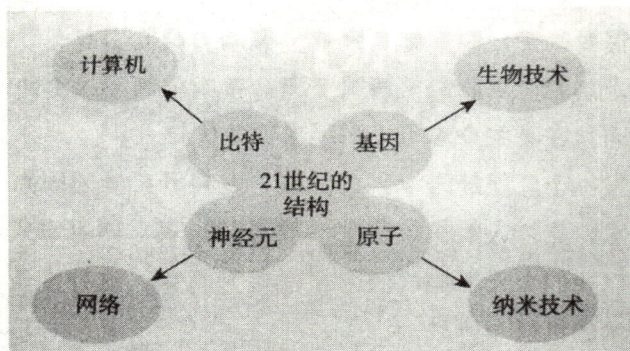

计算机

生物技术

比特　基因

21世纪的
结构

神经元　原子

网络

纳米技术

美国的"新硬件时代"

■ 新硬件时代，是以美国强大的软件技术、互联网和大数据技术为基础，由极客和创客为主要参与群体，以硬件为表现形式的一种新产业形态。

■ 这里说的新硬件，不是主板、显示器、键盘这些计算机硬件，而是指一切物理上存在的，在过去的生产和生活中闻所未闻，见所未见的人造事物。

http://alice.pandorabots.com/
网络机器人地址

谁？在做什么？

德国工业4.0

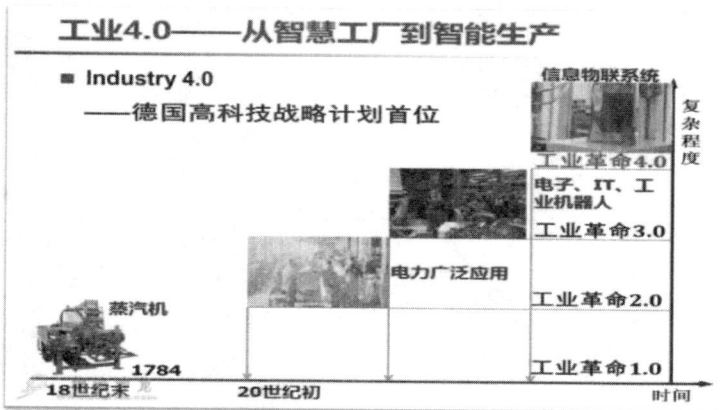

2015年3月5日，
李克强总理"互联网+"行动计划

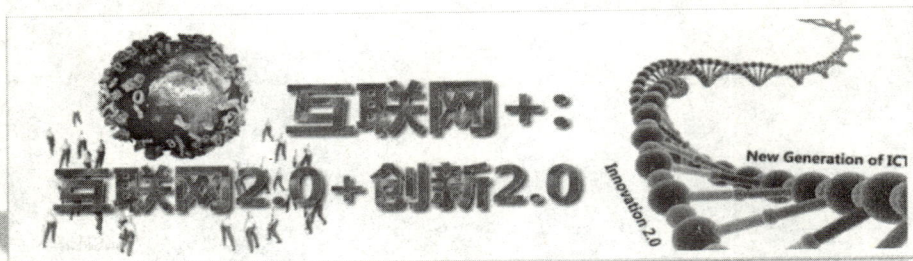

中国制造2025

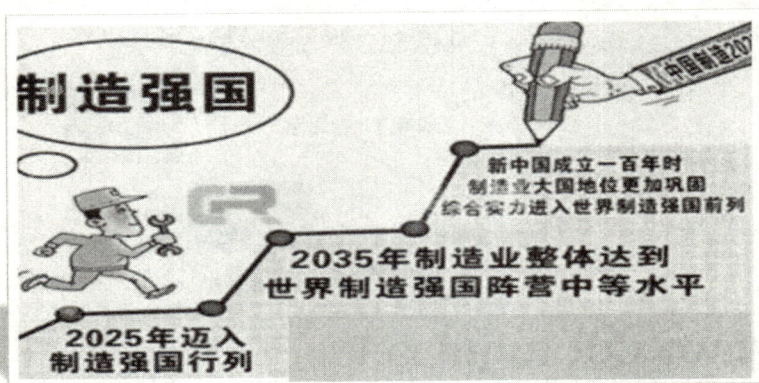

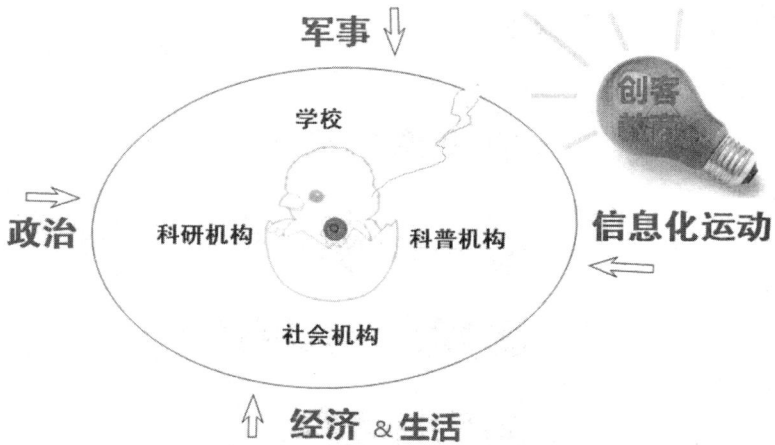

图. 破解世纪之问的形势分析，项华，2016-6-3

处方

01 教育的四大支柱：

① 学会学习；

② 学会做事；

③ 学会与人相处；

④ 学会生存。

01 聚焦于素质教育：

① 基于探究的"学"

② 基于合作的"实践"

学校课程与教学改革
实践的主要问题

学科课程

学科课程

专家型的系统知识或
者话语体系

问题：学科核心素养的认识与落实问题

02 STEAM课程

02 STEAM课程

1）跨学科
2）跨界
3）动手、动脑

问题：学科条块分割、课程缺乏、教学资源缺乏

03

创客教育课程

创客：maker

创客教育的概念

广义：创客文化（运动）

狭义：数字化创客教育

广义创客教育 > 数字化创客教育 > 机器人创客教育

03 创客教育课程

1）全口径——社会、创业
2）数字类课程
3）非数字类课程

问题：浅层次学习、课程缺乏、师资问题

04 数字科学家课程

核心问题(10 min)

04 数字科学家课程

1）数字化
2）探究式学习
3）活动类

问题：课程缺乏、师资问题

05 主要问题：

① 创客教育的浅层次学习问题；

② 学科核心素养的认识与落实问题；

③ 教师与教学法问题；

④ 课程条块分割、缺乏整合问题。

02 探究式深度学习

02 深度学习的特征——进化了的思维

定义： 指个体深度加工知识信息、理解复杂概念、掌握内在含义、建构个人化情景化的社会知识体系，以解决现实复杂问题的适应行为。

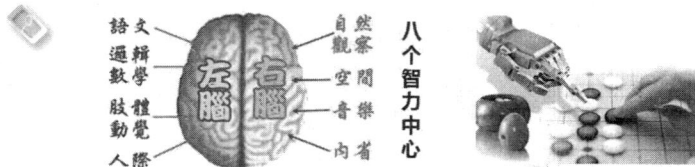

語文
邏輯數學
肢體動覺
人際

左腦 右腦

自然察
空間
音樂
内省

八个智力中心

计算思维

借助计算思维将突破人的大脑局限。

02 深度学习的方法

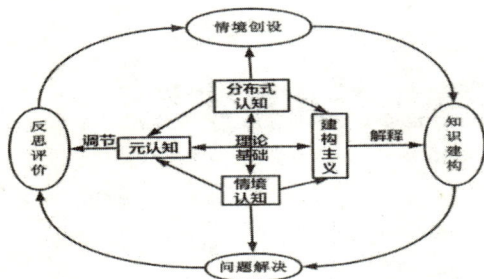

图. 深度学习与认知学习理论之间的关系

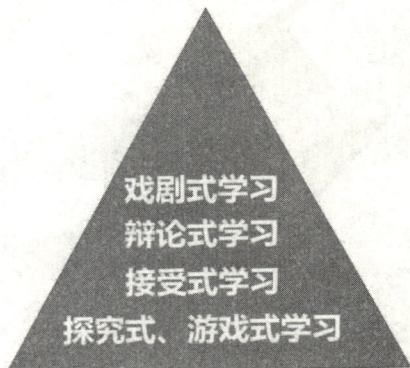

图. 探究式学习是所有学习方法的基础

02 深度学习与浅层学习的比较

	深度学习	浅层学习
思维层次	高阶的、进化了的思维。	低阶思维。
记忆方式	强调理解与思维的记忆	机械的、零散的记忆。
知识体系	在新知识和原有知识之间发现与建立联系，形成方法，掌握复杂、深层的知识。	零散的、孤立的、当下所学的、局部的知识，非结构化。
关注焦点	关注解决问题所需的核心论点和概念。	关注解决问题的公式和外在线索。
投入程度	探究式学习。	被动学习。
反思状态	逐步加深理解，批判性思维、自我反思。	学习过程中缺少反思。
迁移能力	能把所学知识迁移应用到实践中。	不能灵活运用所学知识。
学习动机	学习是因为自身需求。	学习是因为外在压力。

01 探究式深度学习：

探究：好奇心，意识，态度，习惯

探究式学习：
像科学家一样地探索、研究、创造～

探究种类：
基于实物手段的实物探，
基于数学与专业符号手段的理论探，
基于计算机手段的数码探。

03 一个整体解决方案——
数字科学家计划

01 什么是数字科学家计划（ESP）？

数字科学家计划
（ESP）

- 是一种培养学生用数码相机、计算机仿真与编程、互联网等手段解决科学问题潜能的行动计划。

- 数字科学家课程＋数码探科学比赛。

- 数字科学家（e-scientist）课程：一种创新课程的符号——信息化环境下的探究与活动课程。

03 **2015年9月22日，比赛正式启动……**

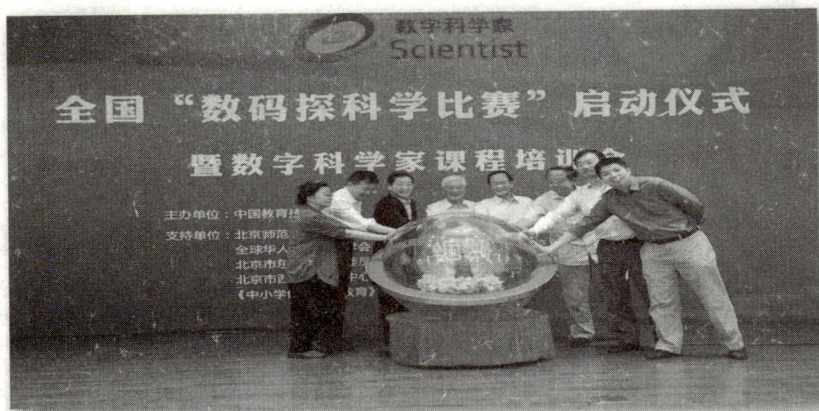

全国"数码探科学比赛"启动仪式
暨数字科学家课程培训会

主办单位：中国教育技
支持单位：北京师范
全球华人
北京市
北京市
《中小学

03

中 国 教 育 技 术 协 会
北 京 师 范 大 学 物 理 学 系

关于举办首届全国 "数码探科学" 比赛的通知

各省、市、区电教馆，协会组织、中小学校：

为响应国家"互联网+"行动计划与科教兴国战略，进一步深化与促进素质教育，推进学校课程领导力与信息化能力建设，倡导多元化与开放式学习，中国教育技术协会联合北京师范大学物理学系，拟于2015年举办首届全国 "数码探科学" 比赛。

该比赛的主题是开拓青少年科学信息素养教育新途径，其宗旨是培养青少年利用数码相机、手机、互联网搜索引擎等信息技术手段解决科学问题潜能。该比赛倡导丰富青少年学习生活，倡导做中学和玩中学，重在过程、贵在参与，在快乐与探究过程中播种未来科学家的种子。

该比赛程序委员会由教育家、科学家、教育技术专家、中小学教师组成，负责比赛的学术性与公正性。具体组织工作由比赛组织委员会办公室承担。比赛组织委员会办公室设在北京师范大学，其组织比赛的办法以 "指南"（请见附件）方式印发。

请各组织单位、学校或者校外教育机构积极组织学生参与 "数码探科学" 比赛。

一、比赛宗旨
提高青少年科学信息素养水平，在探究与快乐之中播种未来科学家种子。
二、参赛人员

01 数字科学家计划目标：

① 经历科学探究过程；

② 掌握数据"观"与"测"的基本知识与技能；

③ 体会科学思想与方法；

④ 体验数据挖掘、交流与传播的价值；

⑤ 养成数据探究的意识和习惯。

01 数字科学家计划特征：

- 探究理念
- 数字化环境
- 数码探究手段
  - ① 搜索引擎
  - ② 图像分析
  - ③ 虚拟仿真与编程
  - ④ 传感器

01

"数码探"-弹簧
下落的慢放

01

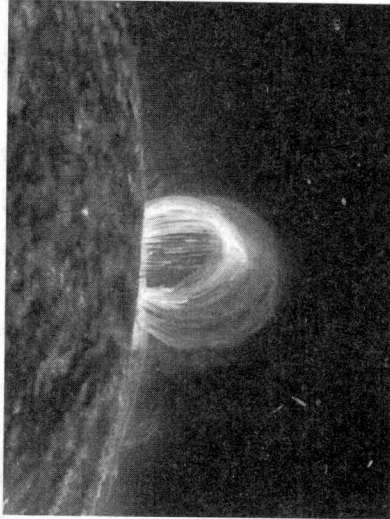

"数码探"-太阳
表面的等离子爆发

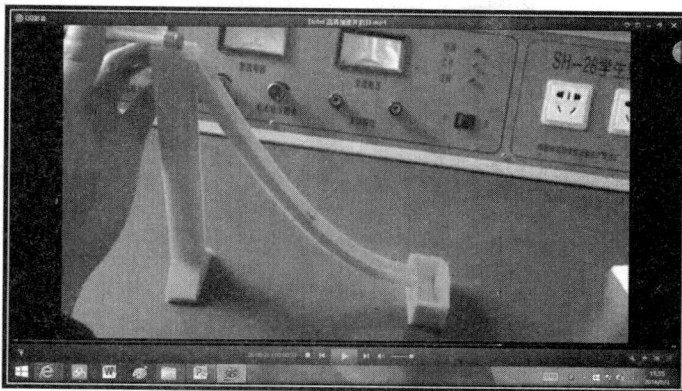

01 标准教材：

01

01 "数码探"探究教学模式：

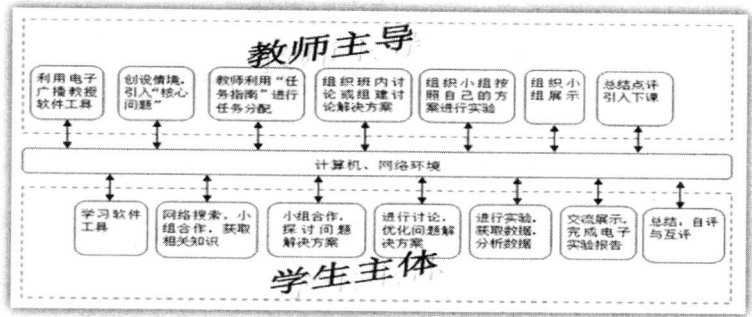

01 混合式：

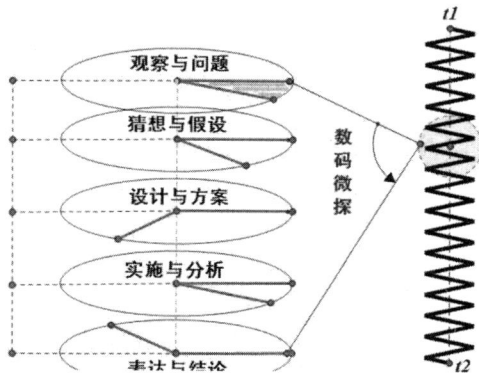

02 数字科学家计划（ESP）的意义

提高师生科学信息素养水平

① 极大扩展了可能的探索范围

② 当代"瓶瓶罐罐"

创新课程（综合实践类，学科类）——数据探究

"零起点"教师信息技术能力行动培训

信息素养　科学信息素养　科学素养

三、深度学习视域下的创新课程初探

——以数字科学家计划"3D照片DIY"主题项目为例

随着科技的进一步发展，美国进入了新硬件时代，德国进入了工业4.0时代，中国则进入了"互联网＋"时代。在这个背景之下，在全球掀起了所谓的创客文化运动。在"互联网＋教育"背景下，教育改革的重心由教师的"教"转向了学生的"学"。许多概念诸如"创客"、"创客教育"、"STEM教育"、"数字科学家"、"学科核心素养"等，如雨后春笋般层出不穷，为课程与教学改革的发展注入了勃勃生机。

目前创新课程的目标及其主要问题

课程是为了达成某个目标，按照事先设计好的思路和方案实施教学，并获得有意义的使命体验的过程。按照设计痕迹的明显程度，课程有显性课程与隐性课程之分，这里主要指显性课程。当前国内外学校的主体课程目标都定位在提高每个人的科学素养水平上面。

科学素养概念的内涵总是随着时代的发展而不断进化的，在信息时代，信息要素在科学素养概念的构成中地位凸显，因此科学信息素养（科学素养与信息素养的交集）成为一个人全面发展的重中之重内容，科学信息素养是信息时代公民的核心素养。显然，科学信息素养是科学素养的核心部分。

二、数字科学家计划（ESP）的意义

1. 提高师生科学信息素养水平
   ① 极大扩展了可能的探索范围
   ② 当代"瓶瓶罐罐"
2. 创新课程（综合实践类，学科类）——数据探究

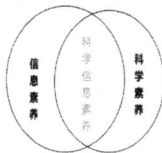

图1-3-1 科学信息素养是科学素养与信息素养的交集

学校系统一般采取三个级别设立课程，即分为国家级必选课程、地方级选修课程和校本选修课程。其中学科课程占有主体地位。学科课程话语体系性强，选修学科课程，相当于接受学科领域专家的引领，直接深度地提升解决学科领域问题的能力。学科课程在经历几轮新课程改革之后，将教学目标定位到提高每个学生的学科核心素养上面，师生在教学理念和教学行为上面发生了一些变化，但是由于受到师资队伍专业水平限制，仍然制约着学科现代教育理念的有效实施，学科分割、断裂现象严重，学生的创新意识和实践能力提升受到限制。仅有学科教学也不是完整的深度学习。

美国为了在全球保持教育领先的战略定位，掀起了 STEM 教育改革浪潮。所谓 STEM 教育就是科学、技术、工程、数学的教育，是由 Science、Technology、Engineering、Maths 这四个词的开头字母的组合。STEM 教育特别强调将本来分散的四门学科自然地组合从而形成新的整体，促进教师在教学过程中更好地进行跨学科融合，鼓励学生跨学科解决问题。此外，美国还掀起了创客（Maker）教育浪潮。广义创客教育强调培养学习者的创新精神与创造能力，学习者即创造者，学习过程也是创造过程，将学习者不同的想法变成现实等。狭义的创客教育对于学习者而言还是一种业余爱好，更多是鼓励学习者有效地使用数字化工具（包括开源硬件、三维打印、计算机、小型车床、激光切割机等），培养学生动手实践的能力。

受 STEM 教育和创客教育思潮的影响，学校课程中涌现出了数字科学家课程、3D 打印课程、机器人课程等一大批创新课程。让学生在发现问题、探索问题、解决问题中将自己的想法作品化，培养独立的创造思维与解决问题的综合能力是创新课程特别需要关注的地方。唯有如此，创新课程才能借助这场全社会的创客文化运动，对教育信息化或者教育革命性发展产生强烈的冲击力度。

在这些课程繁荣现象当中，也出现了偏离提高学生科学信息素养课程目标的盲目课程，出现了让人担忧的浅层次学习活动与教学，一窝蜂上设备和项目，建不接地气的"高、大、上"创客空间等违背教育规律的现象。由此可见，仅限于简单活动的所谓跨学科课程也不能达到深度学习。探讨深度学习视域下的"学科课程"、"创客教育"、"数字科学家课程"、"STEM 课程"具有重要意义。

深度学习的核心特征是思维

人类的学习活动是一个极其复杂的系统。深度学习 (Deep Learning) 是指个体深度加工知识信息、理解复杂概念、掌握内在含义、建构个人化和情景化的社会知识体系，以解决现实复杂问题的适应行为。

那么，深度学习的主要特征是什么，其发生条件在又哪里？

首先，深度学习不仅仅发生在认知方面。依据加德纳的多元智能理论，智能是在某种社会或文化环境的价值标准下，个体用以解决自己遇到的真正难题或生产及创造出有效产品所需要的能力。人有语言智能、节奏智能、数理智能、空间智能、动觉智能、自省智能、交流智能和自然观察智能等八个智力中心。所以深度学习的方式除去认知之外，还包括身体运动、内省、交际等多种方式。无论哪种方式，思维总是处于核心地位。因此，深度学习的核心特征是思维，这里的思维不仅仅包括数理思维，还包括动觉思维、内省思维、交际思维，等等。

其次，随着进入信息时代，人类的学习除去行为主义学习和认知主义学习之外，还进化出了新的种类——联通主义学习。比如，现代人不需要知道所有知识，只要具备借助搜索引擎或者其他手段寻找所需要信息的基本意识和技能，就能够知道比过去多得多的事物。互联网构成了整个人类的大脑，这个大脑比个体大脑的功能异常强大。这是当代深度学习的一个新的特征。

最后，无论考虑深度学习的全面性，还是考虑深度学习的时代性，学习个体的探究本能是基础。所有动物都有趋利避害的探究本能，与其说探究是一种能力，不如说探究是一种本能或者习惯。对于人的探究是指探索和研究行为的总称，体现探究的学习是探究式学习，所谓探究式学习是指像科学家一样去探索、研究和创造。项华教授根据科学的三种形态将探究式学习分为"实物探"、"理论探"和"数码探"三种形式。所谓"实物探"是基于实物手段的探究行为；所谓"理论探"是基于学科理论的探究行为；所谓"数码探"是基于计算机或者信息技术的探究行为。因此，"数码探"是信息时代深度学习的基本特征之一。

深度学习主要包括四类学习活动：其一，基于建构主义学习理论的、积极的、建构性的、累积性的、目标指引的、诊断性和反思性的知识建构活动；其二，基于情境认知的，把知识视为个人和社会的、物理情境之间联系属性以及互动产物的问题解决活动；其三，基于分布式认知的、人与人之间以及人与技术工具之间通过交互实现的情境创设与学习活动；其四，基于元认知的，个体对自身学习、思维等认知活动的自我觉察、自我监控和自我调节的反思评价与学习活动。

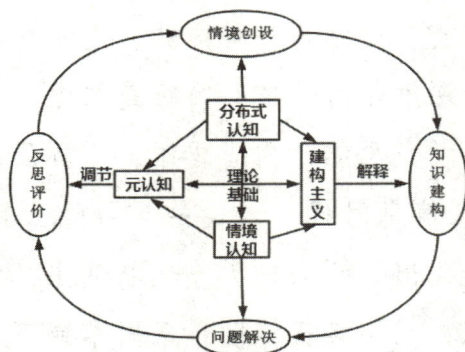

图1-3-2 深度学习主要包括四类学习活动

人们对于深度学习的广泛关注始于信息时代。目前的数字化、网络化、移动化的新型学习方式相继出现与盛行，然而在学习效率和学习效果上并未有充足的证据表明得到了实质性的提高。甚至由于对新型学习工具和技术的误用，有些学习活动仅停留在浅层学习层面。因此，在学习环境下，为了将这种浅层次学习转向深度学习，贯彻"数码探"的学习方式是必要条件。

探究式深度学习视域下的"3D 照片 DIY"课例剖析

1. 主题探究项目简介

数字科学家计划是一种培养学生用数码相机、计算机仿真与编程、互联网等手段解决科学问题潜能的"数码探"行动计划。包括数字科学家课程（e-scientist）与"数码探科学"比赛两部分的建设与推广。数字科学家课程则是一种创新课程的符号，是信息化环境下的探究与活动课程。

"3D 照片 DIY"是数字科学家标准课程中一个学习主题，在 2015 年 11 月，该主题项目首次入选北京市开放科学实践活动，2016 年 3 月再次入选北京市开放科学实践活动。目前该主题项目的教学设计、上课 PPT 微视频和学生任务单等资源内容采取开源方式，通过扫描二维码下载使用，产生了一定的社会影响。参加该项目活动的学生人数已近 4000 人，参与授课的数字科学家核心种子教师近 20 人。近 30 位教师通过关注数字科学家微信公众号获取到的资料，进行了自主的教学实践，反映良好。

2. 案例刨析

下面从深度学习的视角，对该主题探究项目的活动环节进行点评。

活动环节一（10 分钟）：形成小组。随机分组 4～6 人一组。

（1）自我介绍；

（2）选负责人。活动成果分享。

深度学习提示：涉及分布式认知和交流智能与交际思维。

活动环节二（10 分钟）：问题情境创设，观看 3D 影片和照片，教师播放"小恐龙找妈妈"红蓝效果的 3D 视频。学生在带 3D 眼镜和不带 3D 眼镜情况下，体会观看效果的不同，组内交流并填写任务单，说出不同的感受和科学问题。

深度学习提示：涉及情境认知，语言智能。

活动环节三（10分钟）：玩一玩手指游戏。教师要求每个同学伸出自己的两个食指来，一前一后约10CM的距离立于胸前，先闭左眼（右眼睁开），让两个食指重合，再闭右（左眼睁开）观察靠近你自己的手指是偏左还是偏右呢？偏差大约是多少厘米呢？学生跟老师一起做、探究并完成表格任务。

深度学习提示：涉及通过实验的知识建构，动作思维。

活动环节四（20分钟）：探一探3D立体成像原理。学生每组一台电脑，利用网络，探究人眼的立体视觉是如何形成的？3D影像的技术有哪些？并完成任务单。

深度学习提示：涉及知识建构，"数码探"和联通主义学习方式。

活动环节五（20分钟）：做一做3D眼镜。材料：硬纸板、红色和蓝色透明玻璃纸、胶带、剪刀。要求：左红右蓝，能挂到耳朵上，为眼镜绘制个性化logo。

深度学习提示：这里涉及问题解决活动，情境认知，动觉智能与动作思维。

活动环节六（3分钟）：清理活动平台，一分钟清理活动。

深度学习提示：涉及清理完自己的桌面，按组检查养成良好的行为习惯。

活动环节七（15分钟）：拍摄照片。拍摄要求：我们只需要在拍摄完第一张照片之后，把相机水平移动一定的距离，对准原来的目标再拍第二张即可。

深度学习提示：涉及问题解决活动，情境认知，动作思维。

活动环节八（15分钟）：制作3D照片。学习i3Dphoto软件的使用，把拍摄好的一组照片导入到i3Dphoto软件中，制作成一张3D照片。

深度学习提示：这里涉及语言智能，交流智能，内省思维。

活动环节八（15分钟）：展示与交流自做的3D眼镜。师生共同小结，完成任务单。

深度学习提示：这里涉及反思评价、交流智能和语言智能等。

结束语

在信息技术已经渗透到社会所有方面的今天，课程创新是学校发展的一个永恒的主题；而课堂教学总是学校教育的主阵地；科学信息素养是科学素养与信息素养的焦点，应该作为所有课程的焦点目的；在启发式教学、讨论式教学、成功式教学、探究式学习等诸多教学模式或者教学方法之中，探究式学习处于基础地位，基于互联网工具等信息手段的"数码探"是深度学习的新特征。因此，在当今的信息时代，无论是学科课程，还是创客教育课程、数字科学家课程等创新课程，都需要以提高学生科学信息素养水平为宗旨，以探究式深度学习理论为指导，在课程创新过程中积极实践探究式学习，特别是尝试"数码探"。数字科学家课程是一种"数码探"课程，其数据探究教学模式可以应用到学科课程和各种创新课程之中，值得探讨将数字科学家与创客文化结合起来，探索一种引领各类课程向纵深方面发展的新途径。

四、"投票计数"教学方案的设计、实践与反思

——基于数字科学家课程理念的教学模式初探

科学教育在继"STS 教育"、"Hands on 教育"、"Minds on 教育"之后出现了"STEM 教育"理念。"STEM 教育"在课程内容选取中强调综合性，可涉及科学、技术、工程学和数学四个领域的内容。在教学方式上强调学生的实践和理论联系实际。

在"STEM 教育"理念引领下，北京师范大学项华教授及其团队创立了"数字科学家"课程与教学模式。它是一种在数字环境下，以信息技术作为情感激励工具和探索工具，旨在培养学生利用信息技术（硬件和软件）探索世界的意识和能力的课程与教学模式。

北京景山学校北校区 2011 年 3 月开始实施"数字科学家"课程项目。期望选修该课程的学生能够对任何一个感兴趣的问题，通过选用适当的科学手段进行解决，从而成为一名自由的探索者。下面将以"投票计数"为例，介绍我们的思考与做法。

教学设计

（一）教学任务分析

《投票计数》是初中阶段"数字科学家"选修课程的第一课，问题情境源于北京连续出现雾霾天气，学生要对过春节时是否有必要燃放烟花爆竹进行投票。

任务要求：

为了更好地保护环境，同学们的日常生活方式是否低碳环保呢？请自主选择一个内容，制作投票计数器，让本班同学参与投票，分析结果，撰写研究报告。

任务内容：

1. 根据问题情境，选择环保内容，编制成可以进行投票的问题与选项。

2. 利用 Scratch 软件平台的按键侦测功能，制作投票器。

3．在全班进行投票，获取数据，将结果导出，进行分析。

4．撰写研究报告，按小组交流展示。

学情分析：

学生共 11 人，来自七年级的两个不同的班级。学习本课之前，学生已经有一个学期的 Scratch 学习使用经验，具备了程序设计的基本方法。

本课涉及自主选定要进行投票的问题，投票器功能设计、制作、应用，从而获取、分析和处理数据，撰写研究报告。

（二）教学目标

知识和技能：

1．进一步熟悉 Scratch 的键盘按键事件，制作两个键响应的投票器。

2．进一步熟悉 Scratch 动作模块里"移动多少步"程序块的功能与使用，利用画笔里的图章功能，制作投票数据的柱状统计图。

3．了解 Scratch 中变量的定义、使用，来记录输入不同选项时的投票数。

4．了解分支选择结构和文字显示的功能，来对投票结果进行判断和输出，直接得出投票结论。

过程和方法：

1．亲身经历"规划设计—制作—测试—修改完善"的过程，体会如何进行规划设计，开发出符合需要的投票器程序。包括程序的功能设计，角色与界面设计，变量设计，初始化设计及程序制作。

2．初步协调小组成员的配合，形成有效的小组合作。

情感、态度和价值观：

1．本课任务涉及了数据的获取、导出、处理分析及结果的应用，渗透数字科学家的课程理念。

2．体验从问题情境中提炼出核心问题的过程，逐步培养问题意识和解决问题的能力。

教学重点与难点

重点：如何根据实际问题的需要，规划设计投票器的功能；程序的测试与修改。

难点：

1．投票器功能的规划与程序界面的设计。

2．程序的测试与修改。

3．获取数据的处理、分析与应用。

（三）课程资源

Scratch 1.4 软件平台；投票计数学案 .doc；投票计数 .ppt。

教学过程

本课采用基于问题的小组探究式学习，即"教师主导，学生主体"探究型的学习模式。教师的作用是：引出核心问题—指导学生设计—点评程序，提出改进意见。学生的活动流程为：分组协作、明确分工—规划设计、程序功能—编写程序、调试应用—获取数据、撰写报告—评价反思、展示交流。

1．引入新课（15 分钟）。

教师介绍数字科学家课程的目标、要求与安排，并对学生进行异质分组，确定组名与分工。

（教师用图片展示情境，引入项目）北京频繁出现雾霾天气；春节期间，很多人选择不燃放烟花爆竹；四年级小同学在进行"我们的碳足迹"项目活动。

教师：我们到底该选择什么的生活方式？是否低碳环保呢？让我们制作投票器来进行投票，并对投票的数据进行分析与应用。

教师展示投票器示例画面，带领学生明确探究学习步骤：

（1）启动 Scratch，设计制作问题背景，问题角色。

（2）编程制作投票器。

　　按 y 键表示同意，n 键表示不同意；

　　数据的可视化（多种形式，如柱状图）；

　　统计结果的记录（变量或链表）。

（3）在小组内进行投票测试并根据出现的问题进行调试。

（4）导出数据并对投票后的程序界面进行截图。

（5）撰写本课研究报告。

2. 学生分组探究学习（40 分钟）。

研究报告格式：

主题：***环保生活方式调研

研究者：***小组　组员：　　　　　轮值主席：

调研目的：

程序流程图：

调试过程（出现问题，解决办法）：

导出数据与分析：

环保生活方式建议：

体会：

3. 小组展示交流与教师点评（25 分钟）。

4. 教师小结及作品整理提交。

实践、反思与拓展

（一）第一次实践：自选主题设计投票器

五个小组的学生都认真地完成了任务，撰写出了研究报告，完成情况很好。在学生的探究性学习过程中，出现了值得我们特别关注的现象。

1. 学生发现了问题，并尝试解决问题。

在程序的制作和试运行过程中，学生发现"按住 Y 键不放时，会导致多次重复投票"，怎么办呢？ 围绕这一问题，学生自己展开了讨论与尝试，各组都有不同的高招：

（1）"TCYYY"组采用了直到按 Y 键结束前一直等待的程序模块。

（2）"冯周"组采用了按 Y 键后进行广播，等待 1 秒后才能重新投票。

（3）"燃烧军团"组采用了要求投票者填写身份和理由的方式，并在按键处也采取了直到按 Y 键结束前一直等待的程序模块。

（4）"132425"组采用了"计数器"和"数学逻辑"的模块，实验并显示了 2 秒钟内不可重复投票。

从以上情况看出，学生能够在程序测试过程中，发现问题并尝试解决问题，在宽松的研讨环境中，创新思维与发散思维得到了较好的拓展，出现多种解决方案。有了问题意识，有了自主解决问题的自觉性与能力。

2．撰写研究报告，培养了学生记录探究过程和表达自己想法的意识。

下表是各小组对程序出现问题的调试记录。可以看出，学生发现的问题和解决的方法的不同，表达的方式也不同。但都把问题说清楚了，记录了自己思维和探究的过程。

组名	调试过程的记录
132425	问题：有时不小心会投两次票，而取消也是非常麻烦的。 解决办法：使用"计数器"和"数学逻辑"，显示两秒钟内不可重复投票。
燃烧军团	问题：要求用键盘控制投票，我们做成了鼠标控制，想法不错，但程序编完，使用比较麻烦，容易出现误操作。 解决办法：及时发现，改了过来，两种方式都试了，感觉不错。

3．从研究报告中的导出数据与分析，可以看出学生考虑问题的多元化和分析数据思维的发散性。

组名	导出数据与分析
132425	导出数据与分析：其中，同意禁止使用塑料袋的人有6人，不同意禁止使用塑料袋的有3人。 环保生活方式建议：其中，同意禁止使用塑料袋的人数是多于不同意的人数，显示出普通人也认为塑料袋是需要禁止使用的。 体会：通过这次研究，我们知道了现在塑料袋对于环境的危害是需要防治的，所以我们在生活中也应该尽量不使用塑料袋，保护我们的环境。

TCYYY	导出数据与分析：同意和不同意的学生数量基本持平。 环保生活方式建议：坐私家车上学会过量释放有毒气体，坐公交车或骑自行车才是绿色的出行方式。 体会：通过这次调研投票，我们了解到同意和不同意坐私家车的学生数量基本持平，学生们的环保意识还需加强。
冯周	导出数据与分析：坐公交车好，7：5，坐车得多 环保生活方式建议：骑自行车既环保，又锻炼身体，是个出行好方式！ 体会：汽车号限行，不要坐公交车，骑自行车比较好。
燃烧军团	大多数人比较倾向于坐私家车，没什么人选择步行。 大多数人认为按时到校和充足的睡眠比环保重要。

4. 学习评价要素与权重：轮值主席（10）、学习纪律（10）、小组合作（10）、程序功能（40）、研究报告（30）。

（二）反思与修改

这是一次 2 课时的探究型学习活动，从最终效果看，还需要在学生开始自主制作以前，要进行讨论交流，明确出程序的基本功能和程序设计的变量定义等，能够让学生的探究更有的放矢。

从学生选择的投票主题看，问题比较单一，在选题方面的思维不够发散。当我们把制作好的投票器给四年级碳足迹项目负责老师用时，老师的一句话"我想问其他的问题怎么办呢？"就让学生懵了。怎么办呢？我根据可以探究的新问题，把活动进行了延伸，于是，有了第二次实践。

（三）第二次实践：万能投票器的制作

1. 问题情境：小学四年级学生在进行"我们的碳足迹"项目调研时，拿到了我们上周二（3月14日）制作的投票器，发现咱们5个小组的选题比较单一，想问其他问题没有办法使用这些投票程序，怎么办呢？

2. 讨论形成任务，明确程序功能。

通过讨论，学生提出，制作能够让使用者问任何想要调研题目的投票器——万能投票器，即简易专家系统。

程序的功能：

通过人机交互可以生成任意想调研问题的投票器（要有相应按钮，在问题生成不理想的情况下可以重新开始设置问题）。

通过人机交互利用设定初值的程序进行投票（要有相应按钮，在投票出现问题的情况下，可以重新开始投票，而不必重新设置问卷）。

通过人机交互生成投票结果并进行初步判定，得出结论。

3．分小组进行程序开发，并完成以下各项工作：（1）通过填表的方式，明确程序功能，并进行变量和链表设计。（2）编写程序。（3）发现程序问题，调试程序。（4）撰写反思与体会。（5）进行共享交流。

4．评价要素与权重：学习纪律（20）、小组合作（20）、程序功能（30）、研究报告（30）。

5．实践情况：

（1）每个小组都撰写了程序的开发说明，并完成了程序的制作。以下是一个比较典型的小组程序开发说明。

【小组名称】132425。

【任务主题】制作任意题材，2～4个选项投票生成器。

【程序功能】先由提问者通过"回答"设计出问题，然后进入回答模式，再由计算机通过程序辨析做出条状图。

【变量设计】No1：一号选项　　No2：二号选项　　No3：三号选项 No4：四号选项。

【链表设计】问题链表（用于记录问题）　　回答列表（可随时导出回答数据）。

【初始化】主角提问问题和选项个数与选项名，可随时停止设置问题。

【投票器使用】通过键盘控制选择选项。

（2）由于时间关系，只有2个小组的程序做了应用演示，其他3个小组只写了开发说明，上交了制作好的程序。我在试运行学生程序时发现，如果不猜的话，就不知道怎么使用这个程序。怎么办呢？于是就诞生了第3次实践的问题，如何使别人能够顺利使用自己开发制作的程序呢？

（四）第三次实践：程序测试修改与使用说明编写

1. 问题情境：小学四年级"我们的碳足迹"项目组的学生拿到了上周二（3月21日）制作的万能投票器，在使用时学生问：老师怎么使用啊？我想导出投票数据怎么办啊？老师怎么出问题了？

一个软件开发完成后的第一项工作是测试、调试、修改，第二项工作是编写软件开发和使用说明，让后续的开发者和使用者知道，要修改完善程序怎么着手，怎样能够正确使用。

2. 讨论明确任务：（1）测试、调试、修改程序。（2）编写软件开发和使用说明。

3. 按小组程序调试与修改，并准备自己软件的展示与宣传广告词。

4. 评价要素与权重：学习纪律（20）、小组合作（20）、程序功能（20）、使用说明（20）、交流展示（20）、加分（10）。

5. 实践情况：5个小组的学生都修改调试好了程序，特别是程序的初始化工作。编写了较为清楚、比较简明的使用说明。以下是一个典型小组的使用开发及使用说明。

【软件名称】TCYYY投票器专家最新版

【程序功能】这个程序，首先可以生成调查的问题和选项，明确所调查的问题和对象。其次，进行投票时，票数指示物会通过上升清楚显示出所对应选项的票数，每刷新一次还会显示不同颜色。

投票之后，还有所对应功能统计出各选项的票数，一目了然。通过这个程序，可以清楚了解对于所调查问题，参与投票的学生的态度。

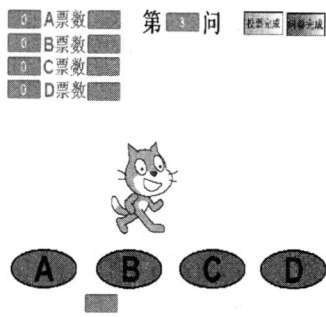

图 1-4-1

【变量说明】投票开始：开始投票；投票题目：编辑所投票讨论的问题；票数 a\b\c\d：各个选项所投的票数；选项 1\2\3\4：各个

选项的题目；选项个数：投票问题选项的个数；项目数：投票问题的个数，随每次刷新归0。

【链表说明】总资料：所有问题合起来分别的资料。问题1资料：临时储存问题资料。

【使用说明】点击绿旗开始。按空格键开始设置调查问题，按回车键，输入选项个数，按回车键输入各个选项名称，输入每个选项名称后按回车键。选项名称会显示到左上角链表里。按A为选项A，按D为选项D，以此类推（以实际选项数量为准）。投票结束后，点击右上角问卷完成并等待，系统自动统计票数并汇报。

【广告词】TCYYY，专注Scratch 0.4年，制造出的投票器，连起来可绕地球两圈。TCYYY投票器专家最新版，值得信赖！！

通过上面的类似软件工程文档的写作，学生锻炼了文字的表达能力，建立了类似软件工程当中人机交互界面设计，文档管理，用户使用说明，软件营销策略的意识，学生的文字具有时代特点，反映了7年级学生较高水平的综合能力。

此后，每个小组的学生都进行了展示说明，对于自己能够在实际问题的导向下，从单一的学习投票器制作延续到了软件的设计、开发、调试及使用说明的撰写，初步接触了简单的专家系统概念，学生都非常开心与自豪。

结论与反思

本课的教学实践是基于学生的学习需要，边进行边拓展，由1次课的简单内容延续成了3次课的软件工程开发项目，这对教学设计的理念到实践都是一次新的尝试，而牵引课程进程的是实际需要派生出来的问题，围绕问题解决的拓展，是基于数字科学家课程理念的有益尝试。从实践过程中学生参与的积极性、问题意识、解决问题的方法与能力和最终的研究成果看，达到了预期的教学目标，并在工程化的程序设计思想、研究性学习过程等方面都有较好的渗透。

按照数字科学家的课程理念，教学内容源于学生的生活实际，贴近学生的需要，第2次和第3次实践源于前面问题解决过程中出现的新问题，所以学生的学习兴趣和参与积极性都非常高，取得较好的教学效果。从最终的研究报告可以看出，学生的研究成果还是很有水平的，能够很简明地界定程序功能，简明地写清楚使用说明。

从教学内容的选择看，本课选题关注到了社会热点问题（低碳环保），从课程的设计和实施情况看，要有一定的开放性和拓展性，给学生探究与发展提供了较大的空间，有益于课程的有效开展，有益于学生的发散思维培养，有益于扩展研究的深度，学生最终的作品就是一个可供进行投票的软件产品，使学生有了较好的成功体验感。

从教学模式来看，本课采用了基于问题的探究型教学模式。教师只是在导入环节中的问题情境创设、组织学生按小组讨论并明确本次实践的核心任务以及最后的展示交流中进行点评，其余的过程和时间则以学生为主，教师处于指导者的位置。从教学实施的过程来看，本模式较好地完成了本课的教学任务；在学习过程中采用了基于小组合作学习的评价方式，对于学生在过程中的纪律、合作情况、轮值主席作用的发挥等都进行了评价，保证了学习过程有序高效。

作为一个探究性学习的案例，本课的特点是编写程序制作一个研究工具。但是从数据的角度来看，学生只是体会到了如何获取数据、存储数据、分析数据的方法，以及用什么样的工具来使得数据的结论更加可信，却忘记了最初的目的——根据"数据来得出结论"。事实上，怎样的数据支持什么程度的结论？如何防止结论对数据的过度阐释？如果结论导致了新的猜想？如何获得新的数据来验证这些猜想？这才是数字科学家课程的另外的一个维度，这个维度怎么讲，讲哪些内容？通过哪些案例来讲解这些内容？讲到什么程度？怎样让这种科学意识落实到学生的思维习惯中进而综合地提升科学素养和数据素养？这些议题将会是数字科学家课程作为一门 STEM 课程进一步建设的一个思考方向。

第二章

课 程 篇

数据探究 1. 3D 照片 DIY

实验区　头脑风暴

目标导航：

1. 了解 3D 照片立体显示的原理及其观看方法；

2. 会制作红蓝 3D 眼镜；

3. 会借助 i3Dphoto 软件制作 3D 照片。

4. 通过做中学，体会数字化工程的思想与方法。

想一想

怎样制作立体照片呢？

动动手：

1. 闭上双眼，用一只手捂住任意一只眼，请同伴用一根线吊着一块小橡皮，放在你能接触到的地方；

2. 睁开眼睛，试着用手去拿那块小橡皮；

3. 将捂眼的手放下，在双眼观看的情况下去拿小橡皮。

比较：哪次更容易拿到那块小橡皮？

立体电影

美味食物和功夫梦是熊猫阿宝生活的全部。武功零等级的他，竟然成了万众瞩目的"龙战士"。《功夫熊猫》三维（3D）立体电影一经放映，就吸引了无数的人的眼球。立体电影就是利用人的双眼在看同一个物体的时候，所成影像不同的原理拍摄而成的。如果根据影片的情节加进烟雾、雨、气泡、气味等环境因素，3D 电影就变成了 4D 电影。

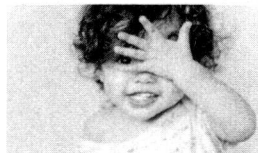

3D 图像的原理

具有立体效果的图就是 3D 图像。当双眼注视前方一个物体的时候，物体在视网膜对应的部位各自形成清晰的像，然后传输到大脑，由大脑将它们融合成一个像。

因为双眼是横向并排的，其间大约有5 ～ 6cm 的间隔，所以左眼所看到的影像与右眼所看到的影像会有些"视差"，大脑会根据"视差"判断物体远近，从而产生立体视觉。如下图所示。

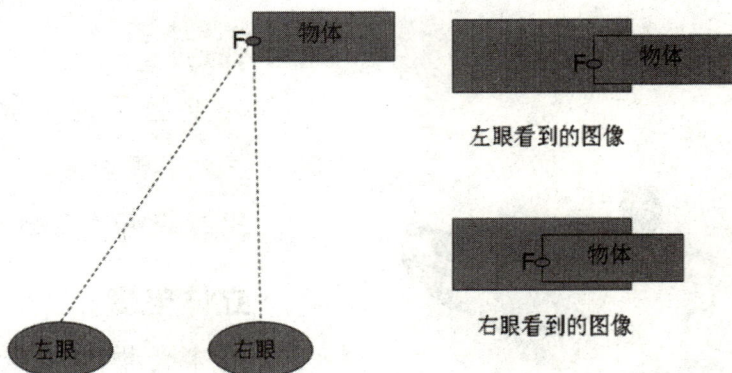

图 2-1-1

1. 3D 图片制作的途径有哪些？

2. 自己能制作一个 3D 照片吗？怎么做？

图 2-1-2

科学地带

3D 照片观看方法主要包括：

1. 裸眼观看；

2. 光栅法 观看；

3. 全息法 观看；

4. 分色法观看；

5. 分光法 观看；

6. 分屏法观看；

7. 分时法观看

感兴趣的同学可以用百度搜索引擎查找相关资料加以了解。

3D 照片的拍摄

知道了 3D 图像的原理之后，拍摄 3D 照片就变得容易了。只需要在拍摄完第一张照片之后，把相机水平移动适当距离，对准原来的目标再拍第二张照片。这里需要注意：

1. 拍摄两张照片的相机快门、光圈要保持一致。

2. 保持相机的水平移动，以保证两张照片具有相同视野。

3. 移动距离要根据被拍摄物体的距离而定，以两次之间的夹角保持在 12° 之内。

4. 条件许可要把景深尽可能调深（即光圈调小），这样可得到更好的立体效果。

3D 照片的观看

观看 3D 照片的方式有裸眼观看与非裸眼观看两种。

非裸眼观看需要借助特制的 3D 眼镜，是一种相对比较简单的方法。主要方法包括分色法、分光法、分时法和分屏法等。

这里主要介绍其中的分色法。

分色法是将供两眼观看的两幅图，用互补的两种颜色（一般采用

图 2-1-3

红色和蓝色）显示出来。观看时需要佩戴红蓝眼镜。给左眼的图像通过红色滤光片滤除其他颜色，而只留下红色；送给右眼的图像通过蓝色（红色的补色）滤光片滤除蓝色以外的颜色，而只保留蓝色。这样左、右眼分别看见红色和蓝色的那两幅图，由于这两幅图存在视差，因此经过大脑复合之后，就能获得立体感觉。分色法相对比较简单，但是由于左右眼分别只能观看到一种颜色，这种方法颜色损失较大。

i3Dphoto 软件简介

i3D Photo 是 3D 照片浏览与制作软件。程序的智能检测功能可以自动校正拍摄过程中的相机移动、旋转以及焦距不一致等问题。智能匹配功能允许从两个不同的目录中自动查找左右图像，并自动制作立体照片。主要制作环节如下：

1. 在 i3Dphoto 中导入照片

点击工具栏上的"文件"按钮，打开左右图。方法是找到素材所在文件夹，双击调入预览区，最终点击"确认"按钮即可。

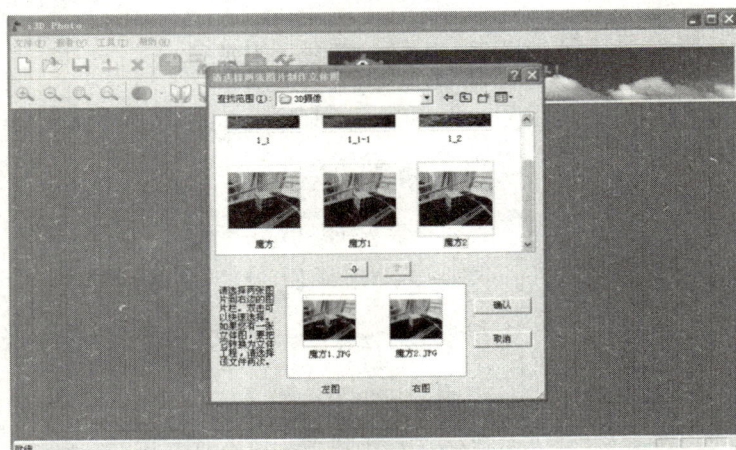

图 2-1-4

2. 调整照片

导入照片后，需要对照片进行修正。如果两张照片在曝光及白平衡上差别较大，可点击"编辑"菜单→"自动调整颜色"，让两图更加一致。再利用"编辑"→"自动对齐"命令，对照片进行校准，防止主体出现光晕。再借助"裁减"命令剪除不需要内容，最终可以根据喜好添加一些边框或文字。

图 2-1-5

3．生成 3D 图像

修正照片之后，可以点击工具栏→"补色立体图"生成 3D 照片。菜单中总共包含了 7 组选项，分为"红青"、"黄蓝"两种颜色组合。可参照自己的眼镜进行选择。由于"红青色"属于标准色，因此可用"红蓝"、"红青"眼镜观看。

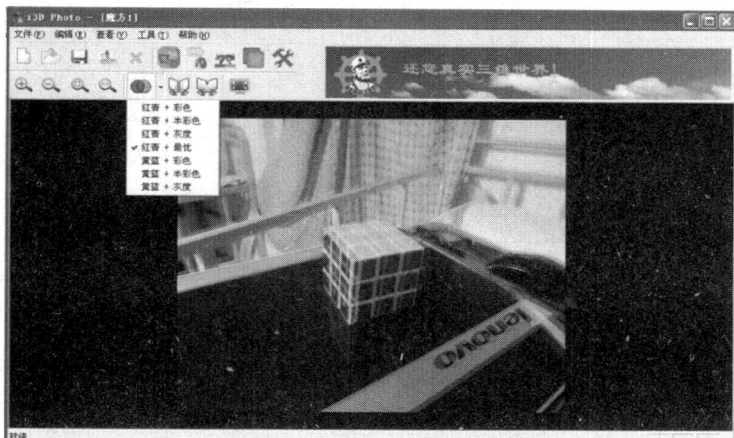

图 2-1-6

4．效果微调

生成图像之后，带上 3D 眼镜就能看到立体效果了，如果没有效果检查是否颜色选错了。如果图像不明显，可以通过微调，消除光晕和重影，使图像观看效果更好。

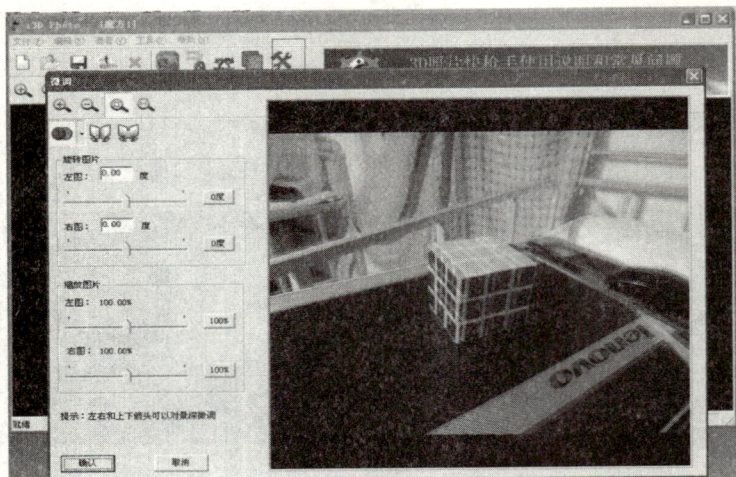

图 2-1-7

5. 导出 3D 照片

调整图像直到效果最佳，点击"文件"→"导出为立体图片"。

图 2-1-8

小小数字科学家

1．设计制作3D眼镜和照片的方案（包括目标、原理、材料、流程、交流与评价等内容）

2．如何改进所制作的3D眼镜和照片的质量？

集思广益

1．展示比较优秀的3D照片。

2．进行交流与评价，并回答下列问题。

（1）选择什么样的拍摄对象，所制作的3D照片效果较好？

（2）交流制作过程中成功的经验或者失败经验？

我会解答

1．3D影视和4D影视的基本原理是什么？

2．你家附近的电影院里的立体电影所用的眼镜采用什么原理？

数字科学家
Scientist

数据探究 2. 小树长高了

目标导航：

1. 了解自身的一些长度参数；

2. 知道测量的实质是一个比较的过程；

3. 会用屏幕测量法测量树高，体会这种测量方法的优越性

图 2-2-1

想一想

测量不同物体时有何困难?

实验区 头脑风暴

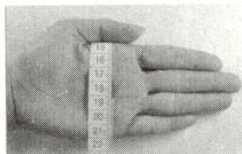

图 2-2-2

动动手

1. 首先估计自己的食指宽度，并记录下来；

2. 用软尺测量自己的食指指尖的宽度，与估计值比较一下；

3. 测量自己的身高。

思考：不用刻度尺，能否知道一本书的粗略宽度？

测量长度

长度是空间的尺度。测量长度时需要首先选定一个比较的标准（比如刻度尺上的单位刻度）。

将待测物体与这个比较的标准进行比较的过程，就是测量。

长度的单位有米、千米、光年、厘米、毫米、纳米等。

间接测量

很多时候，不能直接测量所需要的东西，比如不能直接测量太阳的直径。但是，可以根据对象之间的

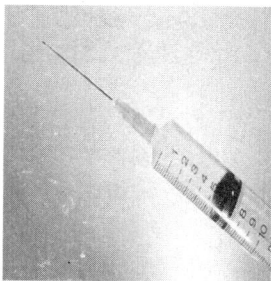

图 2-2-3

联系，进行间接测量，比如医生为病人打针的时候，通过读出药液的长度，可以知道打出的药液体积。

如何测量校园内某棵小树的高度？

途径一：

途径二：

科学家或者工程师经常借助照相技术，通过观察与测量照片，来解决问题，这种技术就是成像测量技术。比如天文科学家经常借助天文望远镜拍照技术研究天体运动，还比如医生借助 X 光照片，为病人治疗骨折。

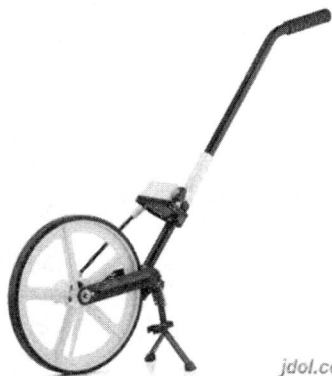

jdol.co.

与常规测量相比较，成像测量具有许多便利之处。

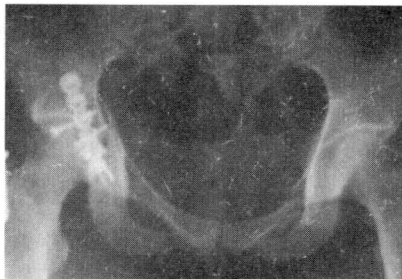

图 2-2-4

059

动手吧 **小小数字科学家**

1. 以小组为单位，讨论与设计一个测量校园小树高度的方案（包括目标、原理、材料、流程、交流与评价等）

2. 实施测量方案

3. 为了提高测量的精确程度，如何改正本次测量活动？

交流吧 **集思广益**

进行小组交流与评价，并回答下列问题。

(1) 为了提高测量小树高度的精确程度，可以采取哪些办法？

(2) 图像测量技术具有哪些优势？

(3) 用图像测量技术解决自己产生的一个问题。

数据探究 3．人面探秘

图 2-3-2

目标导航

1．知道人脸的黄金比例；

2．会借助摄像头和搜索引擎寻找图片数据；

3．会使用几何画板度量长度和面积。

想一想

什么样的五官分布看上去美？

图 2-3-1

网上直通车

英国最美的脸庞：

http://news.xinhuanet.com/video/2012-05/17/c_123142171.htm

实验区　头脑风暴

动动手

如图 2-3-2 所示，B 点将上海东方明珠广播电视塔一分为二。如果 AB/BC 等于 BC/AC 等于 0.618，由 B 点引起的分割最能引起人们的审美感觉。

请度量一下图中 AB、BC 和 AC 的长度，再将它们按照上面比例进行计算，看看是否符合 0.618。

思考：美的面孔五官位置遵循什么规律吗？你对自己的面部比例了解多少呢？

黄金分割比例

满足 0.618 的比例就是黄金分割比例。这个比例能给人和谐的美感，最早由古希腊人发现。

0.618 是一个充满无穷魔力的数字。金字塔之所以能屹立数千年不倒，主要与其高度和其基座长度的比例接近 0.618 有关。马、狮、虎、蝴蝶等动物看上去形体都很优美，其原因也是它们的比例大体上接近 0.618。晚会上的报幕员，一般不会站在舞台的正中间，而是站在舞台一侧的

0.618 处，这样看起来，才会显得更加和谐与悦目。

黄金分割脸——三庭五眼

脸的五官位置如果满足黄金分割比例，看上去就会产生美感，这样的脸就是黄金分割脸。

黄金分割脸满足"三庭五眼"规律。所谓"三庭"是指脸部的长度，满足三等分的条件。即从发际线到眉毛的距离，从眉毛到鼻尖的距离，从鼻尖到下颚的距离都相等。如图 2-3-3 所示。

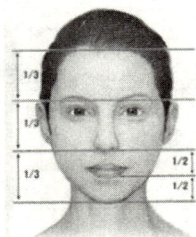

图 2-3-3 "三庭"示意图

所谓"五眼"是指脸的宽度，满足五个眼的宽度的条件。从发际线到眼尾（外眼角）为一眼，从外眼角到内眼角为二眼，两个内眼角的距离为三眼，从内眼角到外眼角，又一个眼睛的长度为四眼，从外眼角再到发际线称为五眼。如图 2-3-4 所示。

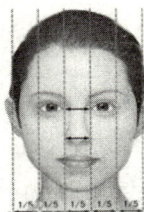

图 2-3-4 "五眼"示意图

在"三庭五眼"的基础之上，科学家经过进一步研究，发现东西方美人在脸的五官比例略有差异。西方美人的脸的宽度满足两个瞳孔间距占脸宽 46% 条件，而东方美人的脸的宽度满足两个瞳孔间距占脸宽 42% 条件；西方美人的脸的长度满足眼睛到嘴巴距离占脸长 36% 条件，而东方美人的脸的长度满足眼睛到嘴巴距离占脸长 33% 条件。如图 2-3-5 所示。

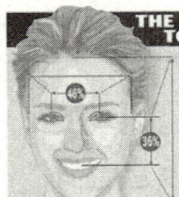

图 2-3-5 西方美女黄金分割脸

问题吧

如何知道自己的脸是否为黄金分割脸？

途径一：

途径二：

想一想：

为什么换发型会改变一个人的外貌？

图 2-3-6 蒙娜丽莎黄金分割脸

几何画板功能简介

（1）几何画板的窗口和其他软件工具的窗口相似。含有标题栏、工具箱、最小化按钮、最大化按钮、功能菜单、状态条、工作区等部分，画板窗口的左侧是工具箱栏。几何画板界面如下。

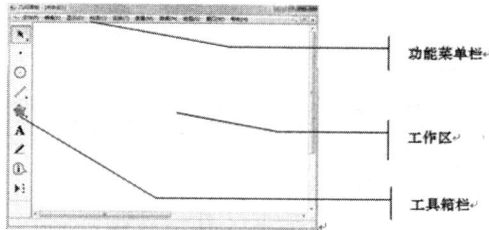

图 2-3-7

（2）工具箱各工具的功能如下：

▶	移动箭头工具	选择目标
	点工具	画点
	圆工具	画圆
	线段直尺工具	画线
	多边形工具	绘制多边形
A	文本工具	加标注或给目标对象标符号
	标记工具	添加绘制标记图形或文字

图 2-3-8

工具箱可以通过点击功能菜单"显示"中"隐藏工具箱（B）"命令（见"显示"菜单图），使之不出现。

（3）功能菜单

"显示"菜单

"构造"菜单

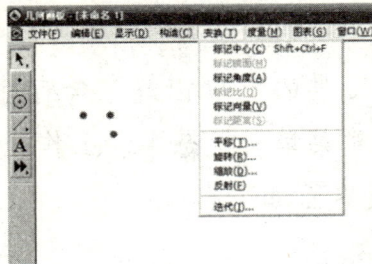

"变换"菜单

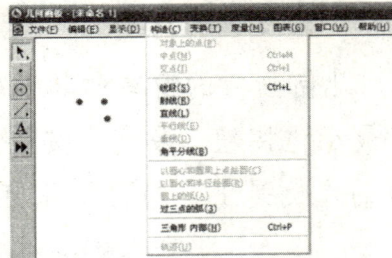

"度量"菜单

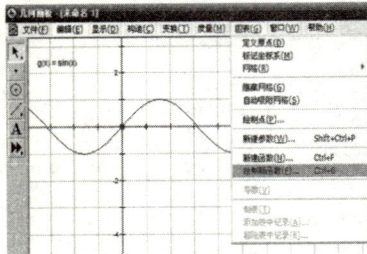

"图像"菜单

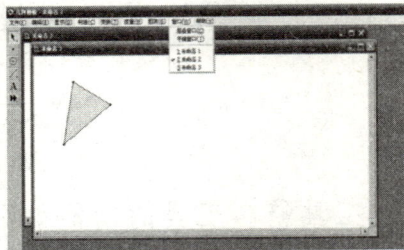

"窗口"菜单

图 2-3-9

动手吧 我是小小科学家

1. 2～3人一组，借助网络了解人体面部的黄金比例；

2. 选出组内脸最美的人作为观察对象，参照下面方案，通过测量，比较他（或者她）的五官比例与黄金分割脸的差距。

拍摄对象：_____

摄 像 师：_____

结果记录：

眼睛到嘴巴的距离占脸长 _____

双眼距离占脸宽 _____

误差分析：

_____

_____

纸上得来终觉浅

绝知此事要躬行

小朋友们可以相互

讨论，一起完成任务哦！

新闻资讯

北京时间 12 月 22 日消息，据《每日邮报》报道，加州大学的科学家已经确定了女性完美面孔的新黄金比例。

而最符合这个标准的就是美国女星杰西卡 阿尔芭。而台湾则有整形医生回应，亚洲人的脸型比较宽短，因此适合的黄金比例也会有所不同。而女明星关颖，是台湾女星中最标准的脸蛋。

生活中的门、窗、桌子、箱子、书本之类物体的长度与宽度之比近似等于 0.618，就连普通树叶的宽与长之比，

3. 组内或者组间合作，参照下面方案，用几何画板的度量功能分析人眼面积，找出班内"大眼妹妹／帅哥"。

拍摄对象：_____

摄 像 师：_____

结果记录：

眼睛的大小：

左眼面积 _____　右眼面积 _____

眼的平均面积 _____

误差分析：

_____

_____

_____

_____

1. 小组整理数据，并派代表汇报观察结果。

2. 进行交流与评价，并回答下列问题。

(1) 测量时哪些步骤会造成误差？可以通过哪些方式避免或减小误差？

蝴蝶身长与双翅展开后的长度之比也接近0.618。

在了解了黄金分割在实际中的一些应用之后，相信大家对神奇的黄金分割有了较深的认识。其实，黄金分割的例子比比皆是，只要大家留意，肯定会有意想不到的发现，神奇的黄金分割，还需要我们进行探索……

图 2-3-10

黄金比例蜗牛彩车
http://www.guokr.com/

(2) 黄金比例可以作为衡量美的标准，但是这个标准会不会受到其他审美标准的影响呢？

1. 人体面部的黄金比例是多少？

2. 如何估计网络信息的可靠性？

3. 人体之中还存在哪些黄金分割的地方？

数据探究 4. 出租车超速了吗

目标导航

1. 知道帧概念；

2. 会用 QQ 影音截图、连拍功能处理视频；

3. 会用几何画板描点、长度测量以及计算功能；

想一想

引发交通事故的最主要原因是什么？

网上直通车

图 2-4-1

大众交通安全讲座

http://www.360doc.com/content/10/0606/15/852313_31586492.shtml

实验区 **头脑风暴**

在网络搜索引擎中输入"最高限速"、"测量车速"等关键词，筛选有用信息，回答下列问题：

图 2-4-2

1. 市区中车辆的最高限速为多少？是不是每条道路都一样呢？

2. 交通部门是如何测量车辆行驶速度的？

思考：利用我们身边常用的设备和软件可以测量车辆行驶的速度吗？应该怎样测量呢？

速度

是一个描述运动快慢的概念。汽车的速度是这样测量的：测量出来汽车在某个时间 t 秒内通过的距离 s，用 s 与 t 的比值就可以描述汽车运动的快慢。

速度的计算公式：

$v = s/t$

速度的单位是米／秒、千米／小时等。

测量汽车的行驶速度有雷达测速仪和摄像头测速仪等。

帧

影片是由一张张连续的图片组成的，每幅图片就是一帧，PAL 制式每秒钟 25 帧，NTSC 制式每秒钟 30 帧。特殊的数码相机可达到每秒钟 1000 帧，甚至更高。按照这样的速度播放，由于视觉的暂留时间，看上去就是产生动的感觉。

帧是一个概念，类似于时间。如果一张图片占用的帧数越多，那么这张图片在你眼睛里停留的时间也就越长。

图 2-4-5

图 2-4-6

QQ 影音的帧播放功能

QQ 影音是一种具有播放、剪接视频等功能的软件。利用它可以进行视频分析。

单击影音工具箱，如图所示，拖动滑竿可以选取不同的帧，并在右下角可以读出该帧的时刻。

00:00:15 / 00:00:22

图 2-4-3

也可使用 QQ 影音的"连拍"功能，直接将不同帧的图片合成在一张图片之上。如图所示。

影音工具箱

截图　连拍　动画　截取

转码　压缩　合并　列表

传输　播放

图 2-4-4

图 2-4-7

图 2-4-8

为了便于后续的数据分析，可以选择一条车流量不是很大的平直公路，避免来往车辆过多互相遮挡或者发生拥堵。

想一想

引发交通事故的最主要原因是什么？

QQ影音的连拍功能可以直接实现图片合成，用这种方法也可以喔，同学们课下试一试吧！

思考：哪种方法误差比较大呢？

视频播放与处理　QQ影音

数据测量与处理

图 2-4-9

1. 拍摄几个汽车行驶片段。

2. 用 QQ 影音播放某个影音片段，用截取工具（比如"PrtSc"键）截取不同时刻的场景截图。并记录下来相应的时刻。

3. 用粘贴板将所截取的图片插入到 Word 之中，将所截到的图片整合到一张图片中，如下图所示。

图 2-4-10

科学地带

由于所拍摄位置所处的路段没有红绿灯和路口，也不存在道路拥堵的情况，可以大致认为此时拍摄到的出租车的运动为匀速直线运动。

科学地带

对速度的测量可以通过以车身上固定的一点（例如前轮的中心点）为标准，在这个点的运动轨迹上选取几个点，测量该点在一段时间 t 内走过的路程 s 作比得到：

$$v = \frac{s}{t} \text{——(1)}$$

在测量位移方面，可以利用比例尺的方法——选取图中的物体测得的长度和其实际长度之比得到图中其他距离的实际长度：

$$\frac{L_{2图}}{L_{1图}} = \frac{L_{2实}}{L_{1实}} \text{——(2)}$$

同时，由于缩放比例会随着具体物体到拍摄点的距离远近而不同，因此不妨直接选取出租车本身作为标尺。

动手吧 小小数字科学家

4. 再用"PrtSc"键，将步骤3的整体图片粘贴到"几何画板"中。

5. 用几何画板测量不同时刻的位置变化。

6. 确定屏幕距离和实际距离的比例尺。

7. 利用比例尺，计算出租车的实际速度。

误差与错误可是两个完全不同的概念哦！

科学地带

所谓误差，是在正确测量前提下，所测得的数值和真实值之间的差异，由于人的眼睛不能估得非常准，所以误差是不可避免的；而错误是由于不遵守测量仪器的使用规则，或读取、记录测量结果时粗心等原因造成的。所以，误差和错误是两个完全不同的概念。

> 成功的起始点乃自我分析，成功的秘诀则是自我反省。
> ——陈安之

1. 小组整理数据，并派代表汇报测量结果。

2. 进行交流与评价，并回答下列问题。

(1) 测量时哪些步骤会造成误差？

(2) 我们可以通过哪些方式来避免或减小这些误差？

请尝试用几何画板和QQ影音软件解决一个你感兴趣的科学问题（比如汽车启动、下落的小球、树叶等）。

2. 你家附近的电影院里的立体电影所用的眼镜采用什么原理？

数字科学家 Scientist

数据探究 5. 反应时间的测定

目标导航:

1. 知道反应时间的内涵;

2. 掌握并利用 Scratch 编写测定机械连续按键反应时间的程序;

3. 掌握 Excel 的求差、求平均值、最大值及最小值的方法。

4. 尝试利用 Scratch 编写具有选择结构的程序 (视觉反应时间的方法);

5. 利用科学实验结果得出实验结论,并对实验结果进行适当的分析。

百米竞赛场上,枪声响起,你的反应有多快?生活中,听到指令后,你的反应有多快?玩电脑游戏时,你点击鼠标的手速又有多快?你想知道你的反应速度吗?从这里,我们一起来探究反应时间的测定吧!

一、反应时间概念的探究

提出问题

游戏吧:

首先,我们请 4 名同学一起来玩一个小游戏——萝卜蹲。

1. 游戏规则:"萝卜蹲"游戏是指 4 个人分别代表一种颜色的萝卜,一人先开始,说"XX 蹲,XX 蹲,XX 蹲完,XX 蹲" 被叫到的人必须下蹲,迟疑下蹲的或者蹲错的都将被淘汰。

2. 游戏用词: 白萝卜,黑萝卜,红萝卜,绿萝卜等不同颜色

问题吧:

通过分析游戏动作,请说说: 听到指令的同学,他的动作过程是什么样的?反应时间呢?反应时间是如何测定的?

知识吧:

1. 反应过程是指从刺激的呈现到机体做出反应的过程。而反应时

则是反应过程所需要的时间。

2.反应过程的生理基础（见下图）：包括 A 感受器、B 传入神经、C 神经中枢（一般在脑或脊髓）、D 传出神经、E 效应器（例如肌肉、腺体）。

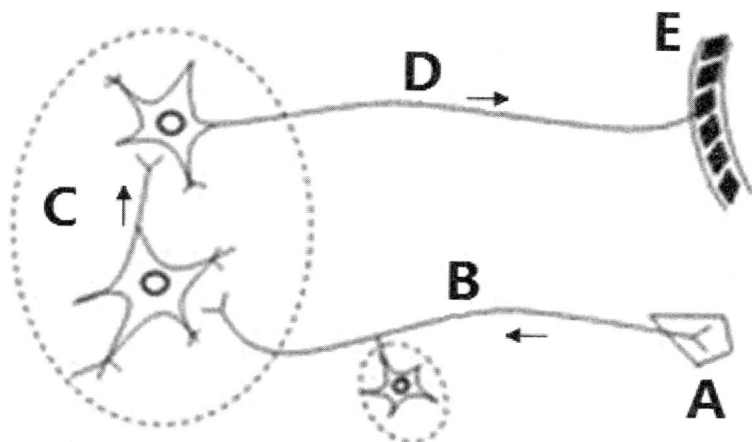

图 2-5-1

3.反应过程的五个环节：

☆感官换能：感应器（比如耳、眼）接受刺激信号并转换为神经细胞兴奋信号；

☆神经传导：神经信号传入到神经中枢；

☆中枢加工：中央处理器（人脑、脊髓）分析信息作出判断；

☆神经传导：神经信号从中枢传出；

☆产生反应：效应器做出反应（如肌肉收缩）。

4.反应时：以上五个环节构成了整个的反应过程，五个环节所用时间之和就是反应时。

5.影响反应时的因素：例如刺激的强度、复杂程度，机体的适应水平、动机和个体差异，都会影响反应时。然而反应时的缩短受到有机体结构的限制，无法突破某一极限，这个极限称为"生物墙"，它根源于人类有机体的特性——感官、脑、神经传导速度以及肌肉工作的特性。

6.人类的反应时间：一般人的反应时间应该在 0.2 秒以上，经过训练的运动员应该也不会低于 0.1 秒。

二、用 Scratch 测量按键反应时间

接下来，我们要学习如何测定机械按键反应时间。

在 30 秒内，右手食指机械连续按下空格键的反应时间是多少?

✦ 知识吧：

1. 关于 Scratch：由 MIT Media Lab 开发的 Scratch 是一种适于 8 岁以上孩子的跨平台图形化编程语言，该工具利用图形化界面，包括控制、动画、事件、逻辑、运算等。

2. 登录 Scratch 官网 (http://scratch.mit.edu) 可以下载 Scratch 软件的各种版本，解压安装成功后，运行桌面一个小猫 的图标，就可以启动 Scratch 软件了。

界面介绍如下图：

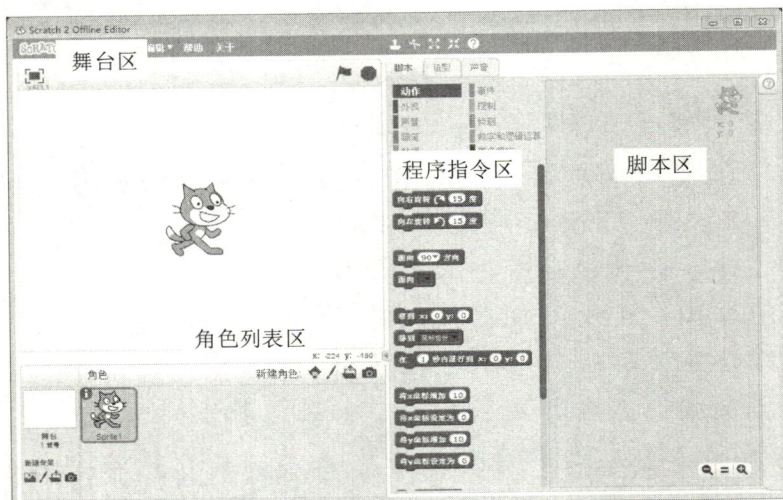

图 2-5-2

✦ 实验吧：

1. 设计测定按键反应的实验装置：

每按下空格键（或其他键）时，计时器便记录下当时的时刻并加入到已经设定好的时间链表中，相邻两次时间数据之差即为连续按键反应时间。

2. 制作简单的测定按键速度的程序：

第 1 步：**新建"时间"链表。**

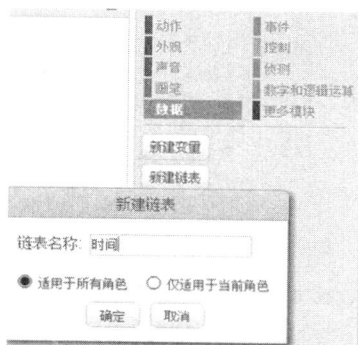

图 2-5-3

第 2 步：当点击绿旗，计时器归零，删除"时间"链表全部项。

第 3 步：当按下"空格"键，将计时器加入"时间"链表中。

图 2-5-4

图 2-5-5

3.30 秒内，右手食指按空格键的测试实验

准备好，单击绿旗，开始测试。

呵呵，超过 200 次了吗？最快 1 次是多长时间？最慢 1 次是多少时间呢？

怎样导出数据呢？

4. 使用 Excel 对数据进行分析

（1）数据采集

在链表上右击，选择"输出"命令，将链表中的数据导入到 txt 文件中。

图 2-5-6

（2）数据处理

我们得到的数据是反应时间吗？怎样来描述每个同学近 200 组的数据呢？我们采用三值法和图像法来描述一组数据或者是大数据。

第 1 步：打开 Excel，建立数据表头，分别为：按键次数、时间、两次按键时间差、最大值、最小值、平均值。

第 2 步：把 txt 文件的数据复制粘贴到 B 列。

第 3 步：将 B2 单元格这时间复制到 C2 单元格，这就是第一次按空格键的反应时间；在 C2 单元格输入公式：=B3−B2，也就是用后一次按键的时刻减去前一次按键的时刻就得了第二次按空格键的反应时间，以此类推就可以求出所有的按空格键的反应时间。

第 4 步：利用 Excel 函数对数据进行处理：求平均值函数（AVERAGE）、求最大值函数（MAX）、求最小值函数（MIN），如图 2-5-7 所示。

	A	B	C	D	E	F
1	按键次数	时间（s）	求两次按键时间差（s）	平均值（s）	最大值（s）	最小值（s）
2	1	0.392	0.392	0.213	0.439	0.085
3	2	0.555	0.163			
4	3	0.72	0.165			
5	4	0.888	0.168			
6	5	1.052	0.164			
7	6	1.298	0.246			
8	7	1.558	0.26			
9	8	1.754	0.196			
10	9	1.952	0.198			

图 2-5-7

第 5 步：利用 C 列数据，制作按键反应时间的散点图像：

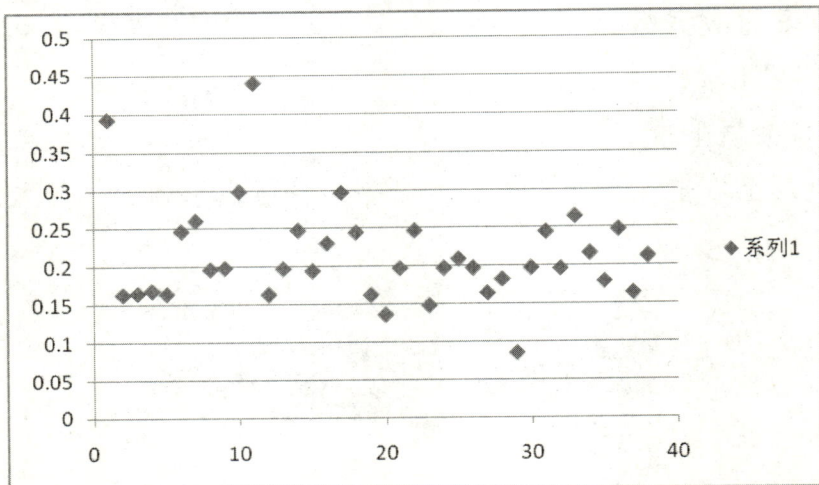

图 2-5-8

（3）汇总数据

请大家汇总自己以及小组内每个组员的数据（平均值、最大值、最小值），再汇总各个小组的数据成为全班数据，得出全班的三值：

表 2-5-1

	自己	组员 1	组员 2	组员 3	组员 4	全班
30 秒内按键次数						
最小值						
最大值						
平均值						

（4）分析数据，得出结论：

经过多次实验，看看你的按键速度是否保持一个基本不变的数？根据研究数据，你得到什么结论呢？

✦交流吧：

按键反应速度可能受哪些因素的影响呢？

数据会有一定的误差，我们应该如何处理呢？

按键反应速度的研究软件还有哪些地方需要改进的？

拓展延伸

除了我们可以使用 Scratch 软件设计测定机械按键反应，还可以设计测试视觉反应，听觉反应等，可以对你的器官反应速度进行测定和分析。开动你的脑筋，想想如何去实现它吧！

同时我们还可以借助 Scratch 的传感器板，帮助我们实现更多的科学实验，探究更多的科学知识，如果你想了解更多关于传感器板的知识，可以搜索进入传感器专区，相信你会有很多收获的！

第三章

教学篇

一.3D 照片 DIY 教学设计

（一）教学任务

分析 3D 显示技术近年来得到广泛应用，尤其是 3D 电影等技术也是大家日常所能接触到的。通过对 3D 立体显示原理的探究学习，有助于引发学生对日常科技场景的思考，增强科学探究意识。

首先从学生喜爱的电影出发，引导学生归纳 3D 电影的特点，并利用搜索引擎总结 3D 成像原理。进一步，探究这种 3D 效果是如何呈现的——3D 显示技术。让学生亲手制作 3D 眼镜。有了眼镜，继续制作自己的 3D 照片。根据成像原理，得出拍摄 3D 照片的方法，利用 i3Dphoto 软件尝试制作 3D 图片。最后展示成果，总结提升。

（二）学生情况分析

学生（小学高年级或初中低年级）是互联网时代的原住民，对 3D 概念并不陌生，生活中也常能看到 3D 电影，利用搜索引擎能做到对 3D 显示原理有大概了解。动手制作方面（制作红蓝 3D 眼镜和红蓝 3D 图片），学生可能会遇到困难，教师应注意激发学生兴趣，在必要时给予指导。

（三）教学目标

1. 知识与技能：

（1）了解 3D 显示的原理。

（2）了解 3D 观看技术。

（3）学会制作 3D 红蓝眼镜。

2. 过程与方法

（1）通过对 3D 红蓝眼镜原理的了解，尝试用身边的材料制作 3D 红蓝眼镜。

（2）通过动手拍摄并利用 i3Dphoto 软件制作 3D 图片，学会利用 3D 显示原理制作红蓝 3D 照片。

3. 情感态度与价值观

通过观看红蓝 3D 图片，激发学生对 3D 显示技术的探索欲望。

（四）教学活动过程

教学环节	教学活动	设计目的
环节一：新课导入	播放一段红蓝 3D 《小恐龙》 提问学生 是否观看过这部影片？与在影院观看有何区别？ 观看电影时需要做什么？有什么感受？ 有没有在观看的时候把眼镜摘掉过？ 提供 3D 眼镜和 3D 图片在学生观看后提出问题：观看图片的感觉？ 我们平时用两只眼睛看东西的时候是立体的，我们刚才用眼镜观看图片时也觉到是立体的，那么立体感到底是怎么样形成的呢？	创设问题情境 激发学生提问与思考
环节二：探究 3D 成像原理	学生活动 1：实验探究 请将你的两个食指伸出来，一前一后按照下面表格要求的距离立于胸前，分别用左眼和右眼进行观察，让两个食指进行重合。根据你观察到靠近自己的手指是偏左还是偏右，相隔 10cm—20cm 与 20cm—30cm 时，偏差是大还是小？然后填写下面的表格。 手指游戏记录表 | 距离	先闭左眼，再闭右眼。	先闭右眼，再闭左眼。	大小 cm
---	---	---	---
10cm	□偏左 □偏右	□偏左 □偏右	
20cm	□偏左 □偏右	□偏左 □偏右	| 学生活动 2：网络探究 运用搜索引擎，在理论上自主探究 3D 成像原理； 学生讨论并进行交流，教师总结成像原理。	实验探究与网络探究共同应用。

环节二：探究 3D 成像原理	3D 成像原理 我们之所以能够感受到立体视觉，是因为人眼有一种融合功能，当双眼注视前方一个物体时，物体在视网膜相对应的部位各自形成清晰的物像，然后传输到大脑皮质，由大脑皮质中枢将它们融合成一个物像。又因为人类的双眼是横向并排，之间大约有 5—6cm 的间隔，因此，左眼所看到的影像与右眼所看到的影像会有些微差异，这个差异被称之为"视差"，大脑会解读双眼的视差并借以判断物体远近从而产生立体视觉。	实验探究与网络探究共同应用。
环节三：3D 显示技术	学生活动 3：网络探究 3D 影像的主要观看技术有哪些？原理是什么？主要应用是在什么方面？ 分组探究，利用手中 iPad 等设备，搜索并总结 3D 显示技术相关知识，进行分享讨论。 教师总结出较全面的 3D 显示技术整体介绍。 （1）裸眼观看技术 平视法和交叉法 光栅法 全息法 （2）非裸眼技术 分光法 分时法 分屏法 分色法	搜索活动是扩展学生知识面的重要方式
环节四：3D 眼镜制作	学生活动 4：3D 眼镜制作 了解 3D 眼镜制作方法。按原讨论小组，尝试完成 3D 红蓝眼镜。学生分享展示成果，教师评价：从眼镜成像效果，眼镜舒适度等角度给出改进意见	动手设计制作

环节五: 制作 3D 照片	提问思考与交流: 根据 3D 显示的原理思考怎么制作 3D 照片。 了解了立体感的形成原理之后,拍摄立体照片就非常容易了。我们只需要在拍摄完第一张照片之后,把相机水平移动一定的距离,对准原来的目标再拍第二张即可。有几点小提示: 两张照片的拍摄需要保持相机的参数不变,即快门、光圈保持一致; 尽量保持相机的水平移动,以保证两张照片有相同的视野; 移动距离要根据被拍摄物体的距离而变化,以两次之间的夹角保持在 12° 之内; 条件许可请把景深拍得尽可能深,这样可得到更好的立体效果。	通过动手制作体会 3D 照片拍摄与制作原理
环节六: 利用 i3D photo 合成 3D 立体照片	学生活动 7:体验 3D 照片的制作过程 按原小组,明确分工,依据软件介绍, A. 学生完成 3D 图像的制作 B. 思考下面的问题 1. 拍摄时影响照片质量的主要因素有哪些? 2. 分别用自制的 3D 眼镜和购买的 3D 眼镜观看同一张 3D 照片,比较效果,想想可以怎么改进使观看效果更好?	根据需要学习软件的使用
环节七: 作品展示与总结	学生按组展示作品,师生进行简单小结	思考总结明确重点

（五）学生任务单

3D 照片 DIY

北京市"初中开放性科学实践活动"项目

区（县）_____学校_____班级_____姓名_____教育 ID 号_____

3D 效果带给我们超强的视觉冲击和身临其境的真实感。不要以为 3D 很复杂,其实 3D 图片在家也能做出来。

【观察】

1.裸眼观察影片《小恐龙》写出你的感觉。

_____

2.用老师给你的眼镜观察影片,写出你的感觉。

_____

我们平时用两只眼睛看东西的时候是立体的,如果我们用 3D 眼镜观看该影片也觉得是立体的,那么立体感到底是怎么样形成的呢?

【实验探究】

请将你的两个食指伸出来,一前一后按照下面表格要求的距离立于胸前,分别用左眼和右眼进行观察,让两个食指进行重合,根据你观察到靠近自己的手指是偏左还是偏右,相隔 10cm-20cm 与 20cm-30cm 时,偏差是大还是小?然后填写下面的表格。

手指游戏记录表

距离	先闭左眼,再闭右眼。	先闭右眼,再闭左眼。	大小 cm
10cm	□偏左 □偏右	□偏左 □偏右	
20cm	□偏左 □偏右	□偏左 □偏右	

【网络探究】

人的左眼和右眼看到的物体有一定的_____。我们之所以能够感受到立体视觉,是因为人类的双眼是_____,之间大约有_____cm 的间隔,因此,左眼所看到的影像与右眼所看到的影像会有些微差异,这个差异被称之为_____,大脑会解读并籍以判断物体远近从而产生立体视觉。

【3D 眼镜 DIY】

随着科技迅速的发展,越来越多的人开始享受 3D 电影、3D 游戏…如果你想在家体验这种感觉,手中却没有 3D 眼镜,怎么办呢? 不妨动手制作一个吧!

材料:硬纸板、红色和蓝色透明玻璃纸、胶带、剪刀。

在眼镜上设计一个,解释一下你的 logo 的含义。

_____

_____

3D 照片 DIY

北京市"初中开放性科学实践活动"项目

区（县）_____ 学校_____ 班级_____ 姓名_____ 教育 ID 号_____

与大家分享你拍摄的美丽照片时，你是否希望他们身临其境去感受你捕捉到的美丽和震撼？3D 眼镜做好了，我们还需要做一张 3D 图片。

【3D 照片 DIY】

首先我们需要一组立体照片。了解了 3D 成像原理之后，拍摄立体照片就非常容易了。我们只需要在拍摄完第一张照片之后，把相机水平移动一定的距离，对准原来的目标再拍第二张即可。

两人一组，每组一个照相机，确定拍摄对象，进行拍摄（记住不能只拍一张，要拍一组或多组）。
结果记录：

拍摄对象：_____
摄像师：_____
拍摄过程：

_____

把拍摄好的一组照片导入到 i3Dphoto 软件中，制作成一张 3D 照片。

你们分别用自制的 3D 眼镜和老师提供的 3D 眼镜观看你们制作的 3D 照片，看看效果有什么不一样？

_____

_____

【拓展探究】

3D 技术已经越来越生活化，我相信在未来 3D 技术会有更意想不到的发展。也许将来我们在现实世界中无法做到的事情我们都可以通过 3D 技术来帮助我们实现。

作为小小数字科学家的你，想不想揭开 3D 电影的神秘面纱？

1. 3D 电影拍摄技术都有哪些？

_____

_____

2. 其中红蓝 3D 电影属于哪一种？

_____

3D 影像的技术还有很多，请用搜索引擎查找：观看技术有哪些？原理是什么？主要应用在什么方面？了解这些方面的知识吧！

观看技术	原理	应用

北京博雅智学软件有限公司&北京师范大学数字科学家课程项目组
北京青少年科技创新学院办公室

数字科学家
Scientist

二、小树有多高的教学设计

（一）教学任务分析

测量的本质是比较，是人类最基本的活动之一，从测量自我开始到测量身边的事物，再到世界与宇宙，测量是量化的基础。

几何画板工具中距离测量是最为基础，也是最容易接受的功能。

相机照相是学生生活中接触较多的一个活动，正常教学中也可以用手机代替相机。这一课题的重点在于测量方法的设计，也是这一课题的难点。探究性学习要求以教师为主导学生为主体来进行问题的解决，学生需要在教师引导下自行给出探究方法。另外，对于小学高年级的学生，比例尺的换算也是一个难点。

（二）学生情况分析

小学高年级的学生对于利用相机、手机照相这一功能并不陌生，但从没有利用相片进行探究活动，因此他们很难直接联想到用照相技术来进行树高的测量。画图工具是一般学生接触电脑最早熟悉的软件，所以利用几何画板进行描点画图测距对他们来说也很好接受。比例尺的换算对于刚刚接触小数点乘除的小学生来说会有一定的困难。但对初一学生来说，则没有问题。

（三）教学目标

1. 认识测量的本质
2. 会量化自我，找出自量的各种度量基础
3. 初步的认识和应用几何画板
4. 学会利用照相技术测量树高的方法
5. 能将知识点迁移到测量旗杆，高楼等其他类似的生活场景中

（四）教学活动过程

教学环节	教学活动	设计目的
环节一：新课导入	教师提出问题：如何测量树的高度？	提出问题，引发学生思考
环节二：学生讨论树高的测量方法	学生提出解决方法，让其他同学思考这一方法是否合适，教师进一步引导，最后得到利用照相和相片测量来得到树的高度。	让学生充分讨论，发现提出的方法的优点和实际操作中可能出现的问题，最后在教师的引导下得到较为合理的测量方法。
环节三：几何画板的介绍	教师提出不一定要洗出相片，也可以直接利用相片导入电脑进行测量来引出并讲解几何画板的功能和使用方法。	进一步明确测量树高的方法。
环节四：照片的拍摄	教师带领同学进行照片的拍摄。	走出教室进行拍摄可以带动学生的参与热情。
环节五：照片的点评和第二次拍摄	教师和学生共同对照片进行筛选，选出适合用来测量树高的照片，并总结特点。学生了解照片拍摄要点后，让学生出去进行第二次拍摄。	利用学生自己的照片进行教学，并让学生自己思考什么样的照片才能测出结果学生会更有兴趣。
环节六：照片的处理和长度的换算	学生和教师一起动手对屏幕中的照片树高和人物身高进行测量，再根据实际人的身高换算出树的实际高度。	测量出树在屏幕中的高度，再进一步换算得到小树实际的高度，学生在动手实践中得到方法的进一步明确和掌握。
环节七：交流与讨论	学生将自己测得的数据进行全班的交流，与大家的结果进行比较。也可以根据楼房高度对树高进行估测，验证自己结果的可信度。	增强学生的表达能力，进一步检验方法的科学性和理性。
环节八：课后拓展	教师展示该方法在生活中应用。作业：1.减小误差的方法。2.利用今天学习的技术探究一个生活中的物体并分享。	课后学习，促进学生的进一步思考。

（五）学生任务单

北京市"初中开放性科学实践活动"项目

区（县）_____ 学校_____ 班级_____ 姓名_____ 教育 ID 号_____

小树有多高？

探索吧： 头脑风暴

校园中有很多大树，我们如何测量一棵树的高度呢？说说你的想法并记录下来。

讨论吧： 思维碰撞

经过老师和同学们的激烈讨论，再与小组同伴讨论一下，把测量小树的具体步骤记录下来：

1、

2、

3、

动手吧： 你准备好了吗？

带上你的拍照工具，让我们一起来和大树合个影吧！拍照的时候要注意些什么呢？

1、

2、

3、

动手吧： 且思且行

得到了完美的合照之后，我们需要把照片导入几何画板中，然后在几何画板中利用屏幕测量工具测量出树高和人高，再根据比

例换算得到树的高度。一起来做一做吧。

数据记录表

记录数据名称	数值大小
屏幕中树的高度 A	
屏幕中人的高度 B	
实际人的高度 h	
实际中树的高度 H	

数字科学家 Scientist

北京博雅智学软件有限公司&北京师范大学数字科学家课程项目组
北京青少年科技创新学院办公室

北京市 "初中开放性科学实践活动" 项目
区（县）_____ 学校_____ 班级_____ 姓名_____ 教育 ID 号_____

想一想： 实际树高是如何计算出来的？（用表格中字母表示公式）

交流吧： 思维碰撞

　　小组之间的交流可以促进组内的共同进步，请小组把自己的结果和处理过程进行展示，在展示过程中我们要说明：

1、小组的名称和成员介绍

2、小组分工和各自的职责

3、我们是如何做的，得到了哪些数据

4、我们最后得到了哪些结果

　　……

总结吧： 反思中进步

1、在拍照和处理数据的过程中有哪些需要注意的小细节呢？

2、我们得到的结果和树的实际高度完全一致吗？如果不是，我们的误差来源是什么呢？怎么样做才可以让我们的结果更加准确呢？

数字科学家 Scientist

北京博雅智学软件有限公司&北京师范大学数字科学家课程项目组
北京青少年科技创新学院办公室

三、人面探秘教学设计

（一）教学任务分析

我们相信，每个人都是不同的存在，多数情况下，我们通过辨认长相来记住人，然而，人的长相有没有什么规律可循呢？什么样的五官分布才是最美的呢？你对自己的面部比例了解多少呢？

让学生看最美脸庞的视频，引出黄金比例这一名词。

学生爱美，怎样才算是美的？怎样才能测量，计算，数字化地进行比较呢？

（二）学生情况分析

小学生对美很有兴趣，但结构的规律性与黄金比例却知道不多，也不是很理解。通过对孩子们热衷的明星，丑星面部进行分析与测量，可以较好地理解黄金比例与三庭五眼的概念，对用数码相机和几何画板进行探究的方法掌握得会更好。

（三）教学目标

1. 知道黄金分割、三庭五眼、人脸的黄金比例等概念；

2. 会根据人脸的黄金比例进行有关的计算；

3. 初步掌握几何画板线段、描点、绘制多边形、度量距离、长度、面积，以及计算、图片导入等功能，学会如何使用摄像头获得视频数据。

4. 通过问题设置，启发学生思考并使用网络搜索、合作讨论的学习方式，初步养成借助互联网解决问题的习惯；

5. 组织学生做互拍人面并分析的实验，训练学生观察与总结的能力、培养运用比例和对称的思想处理问题的方法，初步体验视频分析法几个步骤；

6. 让学生亲身经历科学规律探究过程，认识探究意义、尝试探究方法、培养探究能力和创新精神。

（四）教学活动过程

教学环节	教学活动		设计目的
环节一： 新课引入	教师：我们相信，每个人都是不同的存在，多数情况下，我们通过辨认长相来记住人，然而，人的长相有没有什么规律可循呢？什么样的五官分布才是最美的呢？你对自己的面部比例了解多少呢？ 让学生看最美脸庞的视频，引出黄金比例这一名词。请学生小组合作，网络搜索，了解以下几个概念。5人一组，借助网络了解人体面部的黄金比例。 黄金分割： _____ 人脸的黄金比例： _____ 三庭五眼： _____ 新黄金比例： 西方女性：眼睛到嘴巴占脸长 _____、双眼距离占脸宽 _____； 东方女性：眼睛到嘴巴占脸长 _____、双眼距离占脸宽 _____ 2. 提问：哪个小组做完了？（给最快和最好的小组分别加分）	学生合作分工搜索 黄金分割：又称黄金律，是指事物各部分间一定的数学比例关系，即将整体一分为二，较大部分与较小部分之比等于整体与较大部分之比，其比值为 1：0.618 或 1.618：1，即长段为全段的 0.618。0.618 被公认为最具有审美意义的比例数字。上述比例是最能引起人的美感的比例，因此被称为黄金分割。 人脸的黄金比例：眼睛到嘴巴占脸长和双眼距离占脸宽符合黄金比例 38.2%。 三庭五眼：三庭：面部长度分为三等分，从发际到眉线为一庭，眉线到鼻底为一庭，鼻底以下为一庭；五眼：以眼型的长度为单位，从左侧发际至右侧发际，脸的宽度分成五等分。 新黄金比例： 西方女性：眼睛到嘴巴占脸长 36%、双眼距离占脸宽 46%； 东方女性：眼睛到嘴巴占脸长 33%、双眼距离占脸宽 42%。 学生小组展示		网络搜索，知识构建

| 环节二：合作探究 | 1．带领学生分析漂亮明星照片中眼睛到嘴巴占脸长的比例，以及双眼距离占脸宽的比例。

（给操作最快和最好的个人分别加分）

2．教师：我们每个人眼睛到嘴巴的距离占脸长的比例，以及双眼距离占脸宽的比例可能都是不同的，你的是多少？
设计实验，探究周围朋友的"面部黄金比例"，并完成电子实验报告第3部分：
3．实验对象：摄像师
结果记录：眼睛到嘴巴占脸长 _____、双眼距离占脸宽 _____
眼睛的大小：
左 _____ 右 _____
平均 _____
误差分析：

3．思考：组间讨论：实验中有什么注意事项？目前实验的误差来源有哪些？如何改进？
4．思考：目前测量的人眼大小无法做比较，应怎样改进实验？ | 1．操作得到眼睛到嘴巴占脸长33%、双眼距离占脸宽42%。

$IJ = 1.57$厘米
$KL = 3.76$厘米
$\dfrac{IJ}{KL} = 0.42$
$MN = 1.56$厘米
$OP = 4.71$厘米
$\dfrac{MN}{OP} = 0.33$

2．小组讨论，设计实验方案：
(1)找出组内较符合黄金比例的人作为研究对象；
(2)借助摄像头或相机拍摄人脸，注意正面平视拍摄；
(3)将照片导入几何画板，用几何画板中的相关功能分析"黄金比例"：
a.通过拖拽（或复制粘贴）导入照片；
b.作线段：脸长、脸宽；
c.描点：眼睛中心、脸长与脸宽线段交点、嘴中心；
d.度量：眼睛到嘴巴的距离、脸长、双眼距离、脸宽；
e.计算：眼睛到嘴巴的距离占脸长的比例，以及双眼距离占脸宽的比例。
(4)填写电子实验报告。
3．学生思考回答：影响实验结果的因素：拍摄角度，描点选择等。改进方案：正面水平拍摄，认真修正描点的精确位置。 | 组织学生做互拍人面并分析的实验，训练学生观察与总结的能力、运用比例和对称的思想处理问题，初步体验视频分析法几个步骤。 |

环节三：交流分享	让学生做改进实验并展示。给最快和最好的小组分别加分。	4. 学生给出改进方案，如定点拍摄，镜头内加参照物，如标尺等。 5. 进行改进实验并展示。	交流分享

（五）学生任务单

北京市"初中开放性科学实践活动"项目

区（县）_____ 学校_____ 班级_____ 姓名_____ 教育ID号_____

人面探秘

探索吧： 头脑风暴

埃及金字塔　　埃菲尔铁塔　　北京紫禁城

巴黎圣母院　　帕提农神殿

下面请同学们仔细观察以上五幅图，看看这些建筑有什么共同特点。

思考：人的长相有没有什么规律可循呢？你对自己的面部比例了解多少呢？
　　什么样的五官分布才是最美的？

讨论吧： 思维碰撞

以小组为单位，借助网络了解人体面部的黄金比例，并记录下来。

1、什么是黄金比例？

2、什么是人脸黄金比例？

3、东西方的人脸黄金比例一样吗？

动手吧： 你准备好了吗

材料与仪器：网络搜索引擎，几何画板软件，摄像头

任务一：

1、通过网络找出一张你最喜欢的明星正脸照片。

想一想，什么样的照片适合用来测量人脸比例呢？

黄金比例：西方女性：眼睛到嘴巴占脸长_____、双眼距离占脸宽_____

东方女性：眼睛到嘴巴占脸长_____、双眼距离占脸宽_____

2、运用几何画板计算她的脸部比例

3、和标准人脸黄金比例校对，她是公认的黄金比例美女吗？

北京博雅智学软件有限公司&北京师范大学数字科学家课程项目组
北京青少年科技创新学院办公室

北京市"初中开放性科学实践活动"项目

区（县）＿＿＿＿＿学校＿＿＿＿＿班级＿＿＿＿＿姓名＿＿＿＿教育ID号＿＿＿＿＿＿＿

任务二

1、讨论选出组内最符合黄金比例的人作为研究对象，借助摄像头或照相机拍摄人脸照片。

2、运用几何画板计算

3、和标准人脸黄金比例校对，得出结论

交流吧： 思维碰撞

　　小组之间的交流可以促进组内的共同进步，请小组把自己的结果和处理过程进行展示，在展示过程中我们要说明：

1、小组的名称和成员介绍

2、小组分工和各自的职责

3、我们是如何做的，得到了哪些数据

4、我们最后得到了哪些结果

　　……

总结吧： 反思中进步

1、在拍照和处理数据的过程中有哪些需要注意的小细节呢？

2、我们得到的结果有误差吗？怎么样才可以让我们的结果更加准确呢？

3、在这一次探究中我们学习到了什么？

数字科学家
Scientist

北京博雅智学软件有限公司&北京师范大学数字科学家课程项目组
北京青少年科技创新学院办公室

四、机动车测速教学设计

（一）教学任务分析

视频分析技术是很多领域广泛应用的技术之一，例如医学，天文研究与刑侦破案等。因此，利用数码相机拍摄视频，QQ影音截取图像，并用几何画板分析图像是非常有意思的，也非常有意义。引导学生通过探究掌握视频分析方法，有助于培养学生的探究意识、能力与方法。

利用视频编码技术完成针对图像帧层面的处理，以便更好地存储、播放和传输。充分利用视频图像的特征，从连续得到的视频流中提取所需要的动态目标信息。本课利用视频处理软件QQ影音的连拍和截图功能，保存机动车行驶视频中的图像信息。

在专题探究过程中，增强对数据探究的兴趣，体会科学的魅力；在探究过程中体会数据的价值，理解数据探究在生活、生产和学习中的重要作用。

（二）学生情况分析

本课面向对象：小学六年级或七年级初一学生。

学生好奇心强，学习欲望高，基本掌握计算机操作水平。

教室环境应配备计算机若干台，满足每个小组一台计算机；同时配备数码相机若干台，具有摄像功能；四驱车若干辆。

（三）教学目标

1. 知道帧的概念；

2. 会用QQ影音截图、连拍功能处理视频。

3. 掌握用几何画板描点、建立坐标系、长度测量以及计算的功能；

4. 利用科学实验结果得出实验结论并对实验结果进行适当的分析。

5．通过测量出租车的屏幕速度以及换算成实际速度，学会利用几何画板来进行比例测量的方法。

6．通过教师演示及课堂实践掌握QQ影音截图、连拍的视频分析方法；

7．通过分析数据合理得出实验结论的数据分析方法。

（四）教学活动过程

教学环节	教学活动	设计意图
环节一：课前准备	1．排座位与纪律要求 2．分小组与确定负责人：请学生分成小组，每一个小组起一个响亮的名字 分组，起名，汇报 小组填写学案第一部分内容，并浏览剩余部分	明确学习内容要求，分组，积极形成小组
环节二：产生核心问题	（1）引入新课 播放视频：十次事故九次快…… （2）产生问题 引发交通事故的最主要原因是什么？ 市区中车辆的最高限速为多少？ 补充市区中几条道路的最高限速	培养学生上网搜索信息的能力，创设问题情境，使学生集中注意力；引入新课。
	（3）提出核心问题 教师聚焦学生的发散思维，将问题聚焦在车辆的速度方面：交通部门是如何测量车辆行驶速度的（简单介绍高速公路测量车辆行驶速度的几种方法），我们又应该如何测量呢？有多少种方法，其原理是什么呢？ 核心问题：如何利用身边的设备和软件测量车辆行驶的速度	设疑

	各小组借助学案，以及对生活中常见数码设备的了解设计研究方案； 设计数码探究方案。	发散思维； 独立活动
环节三： 设计测量 出租车速 度方案	交流方案，师生共同明确出一种规范探究方案： 1. 获取一段出租车行驶的视频（已由教师拍摄截取好：由镜头左端进入到镜头右端出来，无障碍物遮掩的一段清晰视频） 2. 通过 QQ 影音的连拍功能，获取不同时刻出租车的位置信息；（最好设置成 n 行 1 列以保证每幅图片的初始位置相同，则每隔 T/n (s) 拍摄一幅图片） 3. 用几何画板建立坐标系，以车身上固定的一点（例如前轮的中心点）为标准，在这个点的运动轨迹上选取几个点，测量各点的横坐标 XA、XB、XC、XD……则出租车移动的水平距离 $s= \triangle X$ 4. 计算该点在一段时间 t 内走过的（水平）距离 s 作比得到： $v=s/t$（可多次测量求平均值） 5. 利用比例尺的方法——不妨直接选取出租车本身作为标尺。利用几何画板测量出出租车车身的屏幕长度；利用搜索引擎查找出租车车身的实际长度（一般为 4.525 米）。则 $k=L$ 实 $/L$ 图 6. 利用公式：$V=k*v$ 计算出出租车的实际速度 7. 讨论这种方法的误差来源	落实每组的研究方案
环节四： 方案实施	布置小组测量获取数据，计算得出结论，分析误差来源，完成学案 课件休息	完成学案

环节五： 结果展示 与讨论	（1）2～3个小组展示结果 展示所测量的出租车速度的结果，对于测同一辆出租车的小组，计算的结果进行比对。 （2）误差分析讨论 对于得到的测量计算的出租车速度，你认为哪些原因可能造成误差？ 测量的误差：视频拍摄、车上固定一点的选取、测量次数、比例尺的选取等。 为什么要选取多个点，测量多次？ 原因：减小误差。 小组派发言人展示自己的研究结果。 在教师的提问下进行思考； 小组讨论； 发言人发表小组关于误差产生原因的观点。	互相展示 培养学生误差分析意识
环节六： 撰写与提 交任务单	按小组完成并提交学案。 讨论与填写学案； 发表小组的观点； 按要求提交学案。	落实本节课的成果收获。
拓展任务	总结本课内容，扩展学生思维，以实例引发新的讨论，将课堂延伸至课下，将科学研究延伸至生活中。 1. 数字科学家网站 http://www.e-scientist.cn/ 2. 请尝试用几何画板和QQ影音解决一个你感兴趣的科学问题？如课后自己尝试拍一段视频，测量运动物体（出租车、下落的小球、树叶等）的速度。	

（五）学生任务单

北北京市"初中开放性科学实践活动"项目
区（县）_____ 学校_____ 班级_____ 姓名_____ 教育ID号_____

机动车测速

想想吧

观察视频，分析哪辆车超速？你的判断依据是什么？

学学吧

在互联网的帮助下学习

1.一辆车的行驶速度多少算超速呢？

2.如图所示汽车限速标志是什么意思？

3.我们使用摄像机时，常见到"30fps"的标志，（1）fps是什么意思？

15 FPS

24 FPS

30 FPS

60 FPS

（2）如上图，拍摄运动的足球，FPS越（填"大"或"小"）拍出来的图像越清晰。

4.北京的出租车车身一般有多长？

北京博雅智学软件有限公司&北京师范大学数字科学家课程项目组
北京青少年科技创新学院办公室

数字科学家
Scientist

北北京市"初中开放性科学实践活动"项目
区（县）_____学校_____班级_____姓名_____教育ID号_____

做做吧

1.如果你的身边有摄像机，电脑等工具，你该如何利用身边的工具探究速度的大小？

工具	作用
摄像机	
	筛选图像
	分析图像

原理公式：

2.动手测一下学校附近公路上行驶的出租车是否超速，并完成下面的记录单。

限速	
车速	
是否超速：	
误差来源	

比比吧

小组之间相互交流，比较哪组测量方法更简便，哪组测量方式精确度最高。

特点	操作方法说明
最简便	
最精确	

总结吧

本节课的最大收获是什么？该方法还能用于进行哪些问题的研究？

数字科学家
Scientist

北京博雅智学软件

099

五、反应时间的测定的教学设计

（一）教学任务分析

反应时间是用来衡量一个人反应快慢的。对于它的测量与研究，可以是高深的医学与心理学方面的，也可以是科学课里的内容。

在科学探究活动中，数据的采集是很重要的一步。针对某一项研究课题，我们需要的是大量有价值的正确数据。按每个学生至少采集一到两百个数据来推算，全班采集的数据至少可以达到几千个。同以往的实验比较，在数据采集量上有了极大的提高。

（二）学生情况分析

六七年级的学生，对反应快慢有感认识，也特别好奇。

通过游戏对谁动作快有一个直观认识，引入反应时间；通过动作的快慢与正确错误定性地观察反应时间。

借助学生感兴趣的 Scratch 程序来制作按键反应的测定，学生很有兴趣。

（三）教学目标

1. 通过小游戏得出反应时间的内涵，体验从具体到抽象及抽象概念建立的方法，从而知道反应时间的内涵；

2. 掌握并利用 Scratch 编写测定机械连续按键时间的程序；

3. 掌握 Excel 的求差、求平均值、最大值及最小值的方法。

4. 尝试利用 Scratch 编写具有选择结构的程序（视觉反应时间的程序的方法）；

5. 利用科学实验结果得出实验结论，并对实验结果进行适当的分析。

（四）教学活动过程

教学环节	教学活动	设计意图
环节一：课前准备	1．排座位与纪律要求 2．学习内容与目标 3．分小组与确定负责人：请学生分成小组，每一个小组起一个响亮的名字。	明确学习内容要求，形成小组
环节二：反应时间概念的探究	（1）游戏活动探究反应时间内涵。 ●听口令做动作：看谁动得快。 请两名同学分别站立在讲台的两边，听老师的口令做相关动作：举手或抬脚等，经过几轮比赛，通过正确做出反应的快慢程度分出胜负。 ●萝卜萝卜蹲。 请四名同学在讲台前站成一排，教师给他们分配角色分别为红萝卜、黄萝卜、蓝萝卜以及绿萝卜。教师说明规则（听到自己对应的颜色后下蹲）后，游戏开始。随着"红萝卜蹲、蓝萝卜蹲、绿萝卜蹲完黄萝卜蹲……"的口令，学生们进行游戏，通过听口令正确完成动作的质量、快慢最终分出胜负，其他学生作为评审协助选出优胜的选手。 其他同学观察比赛同学的表现，参与评判。	通过游戏对谁动作快有一个直观认识，引入反应时间。 通过动作的快慢与正确错误测试反应时间。
	（2）师生共探讨反应时间的概念。 按小组进行，头脑风暴： 什么是反应时间？如何测定反应时间？ 游戏进行完，学生经讨论很快就得出了反应时间的四个过程，即： ●感应器（人耳）接收信息所用时间； ●中央处理器（人脑）分析信息所用的时间； ●中央处理器（人脑）做出判断所用的时间； ●执行机构（四肢等）做出反应所用的时间。 按小组讨论，记录交流共享，形成反应时间概念，明确测定反应时间的方法。	明确概念反应时间测定方法的多样性通过游戏活动的体验，从而比较准确地形成抽象的概念。

	（1） 引入机械按键反应时间，引出问题，是否可以测定机械按键反应时间？怎么测定？ （2） 关于 Scratch。 由 MIT Media Lab 开发的 Scratch 是一种适于 8 岁以上孩子的跨平台图形化编程语言，该工具利用图形化界面，包括控制、动画、事件、逻辑、运算等。	了解机械按键反应时间的内容，如何用Scratch来测定。
环 节 三： 用 Scratch 测量按键 反 应 时 间——实 验装置的 设计与数 据的获取	（3） 测定按键反应的实验装置设计： 原理：每按下空格键（或其他键）时，计时器便记录下当时的时刻并加入到已经设定好的时间链表中，相邻两次时间数据之差即为连续按键反应时间。 （4） 实验：用 scratch 测定按键时间。 （5） 导出数据：time.txt。 	了解测试的原理和具体操作。

环节四： 用 Excel 处理数据——数据的处理	（1）建立数据表，演示： | A	B	C	D	E
	t_1/s	平均值/s	最大值/s	最小值/s
1	0.139	0.140761905	0.271	0.085
2	0.104			
3	0.111			| （2）用函数进行数据处理： 演示：用 excel 处理数据（求差、求平均、求最大、求最小）。 （3）建立散点图：	通过观察、操作，知道如何用 Excel 处理数据。 动手处理数据，掌握相关内容。
	（4）汇总数据： 汇总小组内每组学生的数据（三值） 汇总各个小组的数据成全班数据， 得出全班的三值： 分析数据，得出结论： 数据会有误差，如何处理？	从个体—小组—班级的分类汇总过程对数据进行分析
环节五： 撰写研究报告	（1）按小组撰写研究报告，对数据进行合理分析并得出结论 撰写研究报告，分析得出结论，发表小组的观点 （2）展示交流：PPT，个别小组全组上 完成得快的小组进行展示交流	撰写研究报告完成探究性学习
环节六： 总结	总结本课内容，扩展学生思维，以实例引发新的讨论，将课堂延伸至课下，将科学研究延伸至生活中。	

（五）学生任务单

北北京市"初中开放性科学实践活动"项目
区（县）_____ 学校_____ 班级_____ 姓名_____ 教育ID号_____

看看谁更快——反应时间的测定

游戏吧

大家一起玩萝卜萝卜蹲

1.四名同学在讲台前站成一排，分配角色分别为红萝卜、黄萝卜、蓝萝卜以及绿萝卜。通过听口令正确完成动作的质量、快慢最终分出胜负。

说说吧

2.分析游戏动作，说说，什么是反应时间？反应时间是如何测定的？

设计吧

3. 设计如何测定右手食指,在30秒内,机械连续按下空格健的反应时间？

做做吧

4.利用 Scratch 设计测量机械按键时间的实验装置（小程序）。

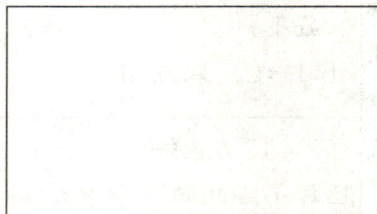

5.导出数据

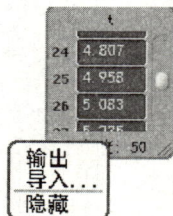

数字科学家课程项目组

数字科学家 Scientist

6.建立数据表，求出每次按键的反应时间。

用函数进行数据处理；

演示：用 excel 处理数据（求差、求平均、求最大、求最小）

参考资料：
最大值：=max（）
最小值：=min（）
平均值：=average（）

A	B	C	D	E
	₁/s	平均值/s	最大值/s	最小值/s
1	0.139	0.140761905	0.271	0.085
2	0.104			
3	0.111			

撰写吧

1.记录原始数据

30秒内按键次数	
最小值	
平均值	
最大值	
第1次反应时间	

报告内容完整。

数字科学家 Scientist

2.数据分析：

（1）个人数据情况与评价（根据按键次数判断自己的反应水平，分析第1次按键时间与平时水平的情况）：

（2）怎样能让自己更快一点呢？

（3）说一说本次研究，你认为最有意思的事或你的收获吧。

分享吧

展示交流要求：

行为举止得当、声音洪亮

数字科学家课程项目组

第四章

技 术 篇

一、几何画板初步与屏幕测量

几何画板简介

《几何画板》(The Geometer's Sketchpad) 软件, 是美国 Key Curriculum Press 公司制作并出版的优秀教育软件, 它的全名是《几何画板 —21 世纪的动态几何》。1996 年, 该公司授权人民教育出版社在中国发行该软件的中文版, 同年, 全国中小学计算机教育研究中心开始大力推广"几何画板软件"。

几何画板给学习者提供了实践数学的机会, 能培养学习者独立思考能力和创新精神, 它不仅是教师教学的帮手, 它更多地是学习者理解数学的工具。

几何画板作用

《初中数学课标》的基本理念中指出:"现代信息技术的发展对数学教育的价值、目标、内容以及学与教的方式产生了重大的影响。数学课程的设计与实施应重视运用现代信息技术, 特别要充分考虑计算器、计算机对数学学习内容和方式的影响, 大力开发并向学生提供更为丰富的学习资源, 把现代信息技术作为学生学习数学和解决问题的强有力工具, 致力于改变学生的学习方式, 使学生乐意并有更多的精力投入到现实的、探索性的数学活动中去。"

"几何画板"使学习方式发生了根本性转变, 首先, 学生的学习方式由"听、练"转变为"做、悟"。原本的传统教学主要靠老师讲授、板书或辅之以一些简单的教具、模型, 然后, 题海练习的教学模式, 这种模式使师生负担重, 效果差。而当几何画板进入了课堂后, 利用几何画板让学生做数学实验, 把数学课堂转化为数学实验室, 帮助学生在动态中去观察、探索和发现对象之间的数量关系与结构关系, 使学生通过计算机实现从听到做的转变。学生通过自己的活动得出结论, 使创新精神与能力得到发展。

例如:在进行"四边形"教学时, 为了让学生直观感受到它们之间的关系, 可以利用"几何画板"软件的强大功能, 做如下操作:

1.从四边形入手，只改变对边的位置关系，从"一组对边平行"到"两组对边分别平行" 与只有 "一组对边平行"，让学生了解梯形与平行四边形不但都是四边形的一部分，而且是互相独立的图形。

2．从平行四边形入手，进行如下变换：

只改变角的大小，从"锐角"到"直角"，再从"直角"到"钝角"，让学生感受矩形是平行四边形的一种特例；

只改变边的长度，从 "相邻边不等"到"相邻边相等"，再从"相邻边相等"到"相邻边不等"让学生感受菱形是平行四边形的一种特例；

改变角的大小与边的长度，得到了四种情况：

相邻边不等，角不是直角；

相邻边不等，角是直角；

相邻边相等，角不是直角；

相邻边相等，角是直角。

从而感受到正方形既是矩形的一种特例，又是菱形的一种特例。

通过几何画板进行的以上操作，学生可以轻松获得四边形、梯形、直角梯形、等腰梯形、平行四边形、矩形、菱形、正方形之间的关系图。在此过程中，学生对数学概念的理解和掌握反而比传统教学更容易，印象也更深刻。

其次，学生的学习方式由被动地接受转变为自主性学习和研究性学习，信息技术的发展为学生提供了大量的可用数学知识研究解决的素材，学生逐步学会对生产、生活实际的观察与积累、对网络资源的整理与加工，慢慢就会自己提出问题，设立自己的研究方向和步骤，优化自己的研究方法，并进行探索。

同时，几何画板的测量和计算功能非常强大，简例，因此也是数字科学家课程中屏幕测量与计算的利器。

几何画板的启动和绘图工具的介绍

1.启动几何画板：

①单击桌面左下角任务栏的"开始"按钮，选择【程序】→【几何画板 5.04 最强中文版】，单击即可启动几何画板。

②直接双击桌面上几何画板的快捷方式图标,即可启动几何画板。

③双击任意一个已有的几何画板文档。

进入几何画板系统后的屏幕画面如图所示:

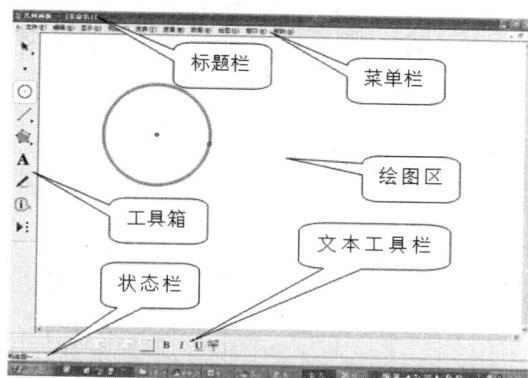

图 4-1-1 几何画板主界面

几何画板的窗口和其它 Windows 应用程序窗口类似,有控制菜单、最大/最小化按钮以及标题栏。画板窗口的左侧是画板工具箱,画板的右边和下边有滚动条可以使小画板处理更大的图形。在几何画板中,比较重要的是状态栏,当画面中有重叠对象时,它能具体地显示当前对象或者工作状态。画板的左侧是画板工具箱,把鼠标移动到工具图标的上面,就会显示工具的名称。

按住工具箱的边缘空白处,可随意将工具箱拖动到画板窗口的任何位置。凡是工具图标的右下角有小三角的,表示本工具是"一套"工具,还有下一级工具。左图从上到下 9 个工具依次是:

移动箭头工具 ▶:包括移动箭头、缩放和旋转三个工具。

点工具 ·:可以在画板绘图区任何空白的地方或"路径"上绘制点。"路径"可以是线段、射线、圆、轨迹、函数图像等(不能是迭代的像)。

圆工具 ⊙:以圆心和半径另一个端点绘制正圆。

线段直尺工具 /:包括绘制线段、射线和直线三个工具。

多边形工具 ▲:可以绘制有芯无边、有芯有边和无芯有边几种多边形。

文字工具 A:可以输入文本、加标注(即说明性的文字)或给对象加标签。

标记工具 /:给对象加标注或者直接在绘图区写画。

信息工具 ⓘ ：用来查看对象的属性和关系。

自定义工具 ▶：下级菜单包括：创建新工具、工具选项（制作自定义工具时设置选项）、显示脚本视图（看工具的制作过程和使用方法）、工具列表、选择工具文件夹（设定工具来源）等选项。使用时，按住三角图标2秒以上，右移鼠标，选择工具，然后在绘图区域中就可以使用选择的工具了。

对象的选取、删除、拖动

1. 选择

在进行所有选择（或不选择）之前，需要先单击画板工具箱中的【选择箭头工具】，使鼠标处于选择箭头状态。

选择一个：用鼠标对准画板中的一个点、一条线、一个圆或其它图形对象，单击鼠标就可以选中这个对象。图形对象被选中时，会加重表示出来。如下表所示。

表 4-1-1

选择对象	过 程 描 述	选前状态	选后状态
一个点	用鼠标对准要选中的点，待鼠标变成横向时，单击鼠标左键。	·	⊙
一条线	用鼠标对准线段的端点之间部分（而不是线段的端点），待鼠标变成横向的黑箭头时，单击鼠标左键。	——	••••
一个圆	用鼠标对准圆周（而不是圆心或圆上的点），待鼠标变成横向的黑箭头时，单击鼠标左键。	○	◌

再选另一个：当一个对象被选中后，再用鼠标单击另一个对象，新的对象被选中而原来被选中的对象仍被选中；

选择多个：连续单击所要选择的对象（注意：在单击过程中，不得在画板的空白处单击（或按"Esc"键））；

取消某一个：当选中多个对象后，想要取消某一个，只需单击这个对象，就取消了对这个对象的选择；

都不选中：如果在画板的空白处单击一下（或按"Esc"键），那么所有选中的标记就都没有了，没有对象被选中了；

* MERGEFORMAT 选择所有：如果你选择了画板工具箱中的

选择工具，这时在编辑菜单中就会有一个"选择所有"的项；如果当前工具是画点工具，这一项就变成选择"所有点"；如果是画线工具或画图工具，这一项就变成"选择所有线段（射线、直线）"或"选择所有圆"。它的快捷键是"Ctrl+A"；

选择对象的父母和子女：选中一些对象后，选择"编辑"菜单中的"选择父对象"，就可以把已选中对象的父母选中，类似地，也可以选择子对象。所谓"父母"和"子女"，是指对象之间的派生关系。如：线段是由两点派生出来的，因此这两点的"子女"就是线段，而线段的"父母"就是两个点。

小技巧：选择多个对象还可以用按住鼠标左键拖框的方式，如图4-1-2所示。

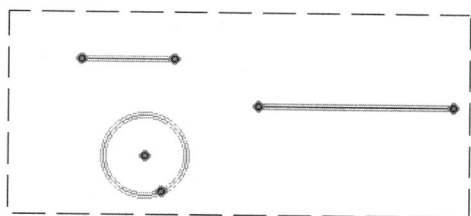

图 4-1-2

2. 删除

在用几何画板进行绘画时，常会出现错误。在几何画板中，有几种修改错误的方法。一般来说，用户都比较熟悉的方法就是"删除"，但在几何画板中删除必须十分小心，因为，如果删除一个对象，那么这个对象的子对象就同时被删除。

建议使用"撤销"功能，可以用【编辑】菜单中的【撤销】功能取消刚刚画的内容，复原到前次工作状态，并可以一步一步复原到初始状态（空白画板，或者本次打开画板的状态），这个功能的快捷键是"Ctrl+Z"。如果这时又不想"撤销"了，可以使用"重复"功能，快捷键为"Ctrl+R"。

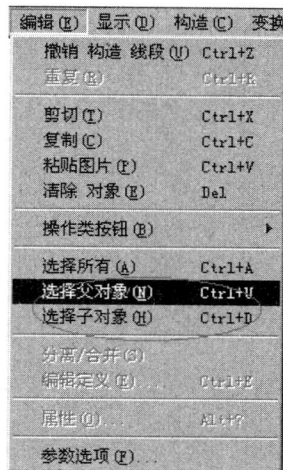

图 4-1-3

如果单击拉菜单之前，按下 Shift 键，则"撤销"命令就变成了"全部撤销"，快捷键是"Shift+Ctrl+Z"，这是获得一个空白画板文件的快速方法，俗称"擦黑板"。

如果有一个对象希望删除，但又怕影响其它对象，那么就应当采用隐藏的方法，隐藏的方法是：先选中要隐藏的对象，然后单击菜单命令【显示】→【隐藏对象（H）】或按快捷键"Ctrl+H"。

3．拖动

用鼠标可以选择一个或多个对象，当你用鼠标拖动已经选中的对象在画板中移动时，这些对象也会跟着移动。由于几何面板中的几何对象都是通过几何定义构造出来的，而且几何画板的精髓就在于"在运动中保持几何关系不变"，所以，一些相关的几何对象也会相应地移动。

当你拖动画板中的图形时，可以感受到几何画板的动态功能。请注意：在拖动之前，请按"Esc"键，或点击【选择箭头工具】后，选定要移动的对象。

试一试：按下面的步骤进行拖动操作，注意观察图形变化的情况。

	拖动前的图形	拖动操作	拖动后的图形	解释
1		向下拖动点 B		线段受点 B 控制，所以要随着运动。
2		拖动线段 AB		线段的方向不变，位置发生改变，由于点 A、B 是线段的父母，必须保持相应关系，所以两点也随之运动。
3		拖动点 B		点 B 是圆的父母，所以圆的大小随着点 B 的移动而变化。由于点 A 是自由的，不受点 B 控制，所以点 A 位置保持不变。
4		拖动点 A		点 A 是圆的父母，所以圆的大小和圆心的位置随着点 A 的移动而变化。由于点 B 是自由的，不受点 A 控制，所以圆总保持过点 B。

5	圆由 AB 两点定义，点 C 为圆上另一点，拖动点 C。		由于点 C 是圆的子女，受圆的控制，所以，这个点只能在圆上运动。
6	画两条相交线段，用选择工具画出它们的交点（请注意状态条的提示），之后拖动线段 CD。		当两线段不相交后，交点就不显示了（此时交点无数学意义）。

对象的标签

在几何画板中的每个几何对象都对应一个"标签"，当您在画板中构造几何对象时，系统会自动给您画的对象配标签，一般情况下，点的标签为从 A 开始的大写字母；线的标签是从 j 开始的小写字母；圆的标签是从 c1 开始的，小写字母 c 带数字。

如何为对象显示标签呢？前面我们已介绍过用【文本工具】对象的标签，即用鼠标单击画板工具箱中的文本工具后，用鼠标（空心小手形状 ）对准某个对象变成黑色小手形状 后单击，如果该对象没有显示标签就会把标签显示出来，如果该对象的标签已经显示就会把这个标签隐藏起来，还有其它方式显示标签吗？有，那就是用菜单命令。

用鼠标选中一些没有显示标签的对象，单击菜单：【显示】→【显示标签（L）】，就可以显示这些对象的标签。如果所选中一些对象的标签都已经显示，那么单击这个菜单项后，这些对象的标签就会隐藏起来。（注意其快捷键"Ctrl+K"这是一个使用频率较高的键）

标签的位置还可以适当移动：用鼠标选

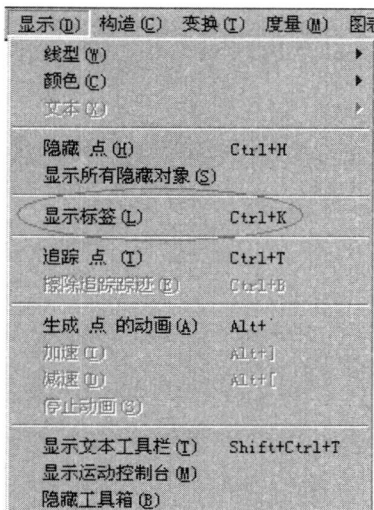

图 4-1-4

中【文本工具】（或【选择工具】）后，当用鼠标对准某个对象的标签，鼠标变成带字母 A 的小手形状后，按下鼠标键拖曳鼠标，可以改变标签的位置。

标签可以根据我们的需要改变，如果用带字母 A 的小手形状鼠标双击某一个标签，就会出现这个标签附着对象的属性框。用这个属性框可以根据需要，随意改变标签的字体、字号、粗体、斜体、下划线、颜色等。标签可以是英文、汉字、数字等，还可以有下标。

例 1：逐个对象的标签（以正方体为例）

步骤一：显示顶点标签：单击【文本工具】，单击正方体的每一个顶点。标签显示如图。

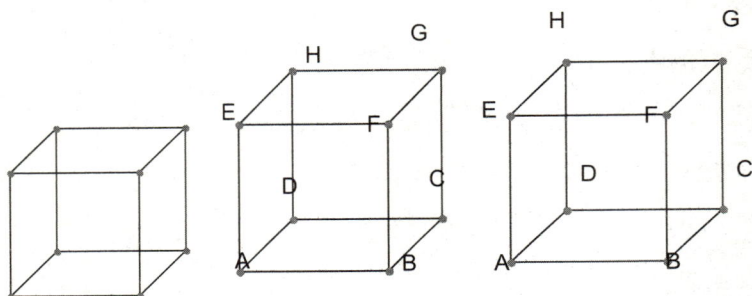

图 4-1-5

步骤二：调整标签位置：当用鼠标对准某个对象的标签，鼠标变成带字母 A 的小手形状后，按下鼠标键拖曳鼠标，可以改变标签的位置。

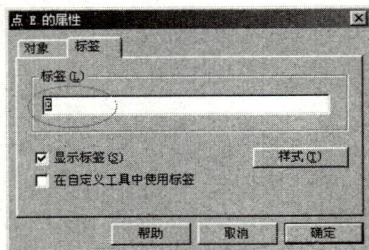
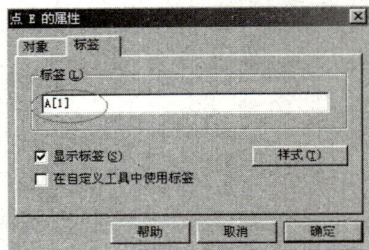

图 4-1-6　　　　　　　图 4-1-7

步骤三：改变标签文字和加下标，用带字母 A 的小手形状鼠标双击点 E 的标签，就出现了点 E 的属性对话框。把"E"改为"A[1]"后按"确定"按钮。同样改变点 F、G、H 的标签。如下图。

图 4-1-8

步骤四：改变标签的颜色单击点 A 属性框的"样式（T）"按钮，打开标签样式的对话框，单击"颜色"下拉框，选中红色后按"确定"按钮，再按属性对话框的"确定"按钮，A 点的标签就变为红色。如下面右图所示。

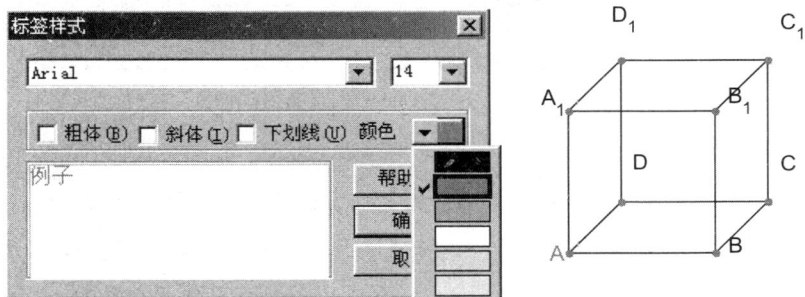

图 4-1-9

例 2：批量改变对象的标签（以有关等边三角形的课件为例）

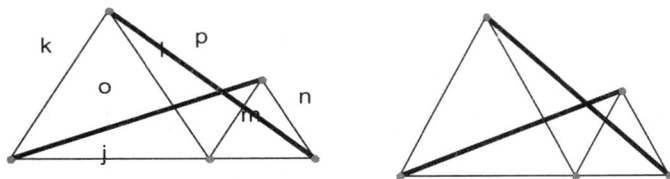

图 4-1-10

步骤一：快速隐藏线段的标签（如上左图）。选择所有线段，单击【直尺工具】，按快捷键"Ctrl+A"。隐藏线段的标签：按快捷键"Ctrl+K"。

步骤二：快速显示点的标签。

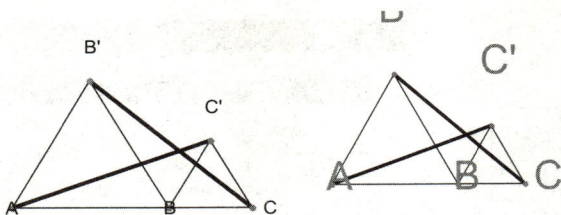

图 4-1-11

选择所有点：单击【点工具】，按快捷键"Ctrl+A"

显示点的标签：按快捷键"Ctrl+K"，按住标签，把标签移动到适当的位置（注意：在文本工具或选择工具被选的情况下）

改变标签的字号和颜色：选中所有的点，在文本栏里改变字号和颜色。如仅是改变标签的大小，选中标签所附的对象后，按快捷键"Alt+>"或"Alt+<"。

图 4-1-12

说明：标签不能直接被选取，只能选取他所附的对象，对象隐藏，标签也隐藏。显示或隐藏文本栏的方法是：按快捷键"Shift + Ctrl+T"。或单击菜单【显示】→【显示（或隐藏）文本工具栏】，文本工具栏可以被拖动。

例3：让系统自动为所画的点标上标签

步骤一：单击菜单【编辑(E)】→【参数选项（F）…】，就会出现"参数选择"的对话框。

步骤二：单击"文本"按钮，如下图，在"所有新建的点"的前面打"√"然后按"确定"按钮。

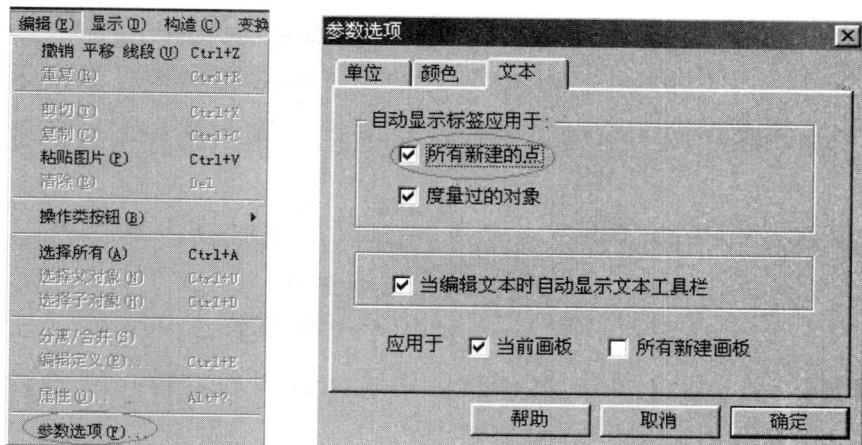

图 4-1-13

用绘图工具绘制简单的组合图形

下面用绘图工具来绘制一些简单的图形，以三角形为例，熟悉绘图工具的使用和一些相关技巧。

例1：用直线、线段、射线构成的三角形

制作结果：三角形三边所在的线分别是直线、射线和线段，拖动三角形的顶点可以改变三角形的大小和形状。在讲解三角形的外角时，就可构造此图形。

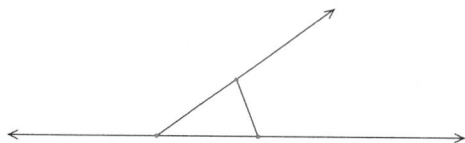

图 4-1-14

知识要点：学会使用【线段工具】、【直线工具】、【射线工具】以及它们相互之间的切换方法。

操作步骤：

步骤一：打开几何画板，建立新绘图。

步骤二：选择画【直线工具】 将鼠标移动到【直尺工具】上按住鼠标左键不放，移动鼠标到【直线工具】上，松开鼠标。

步骤三：画直线 将鼠标移动到画板中，按下鼠标左键，向右拖曳鼠标后松开鼠标键。

步骤四：选择画【射线工具】 用鼠标对准【直线工具】，按

下鼠标键并拖曳到【射线工具】 处松开鼠标。

步骤五：画射线 将鼠标对准定义直线的左边一点（在按下鼠标左键之前请注意窗口左下角的提示），按下鼠标键，向右上拖曳鼠标后松鼠标键。

步骤六：选择画【线段工具】 用鼠标对准画线工具，按下鼠标键并拖曳到【线段工具】 处松鼠标。

步骤七：画线段，将鼠标对准定义射线的右上一点 C（注意窗口左下角的提示信息），按下鼠标键，向定义直线的右边一点 B 拖动（注意提示），匹配上这一点后松鼠标。

步骤八：将该文件保存为"三线三角形 .gsp"。

例 2：用直尺工具绘制三角形

制作结果：如图所示，拖动三角形的顶点，可改变三角形的形状、大小，这个三角形是动态的三角形，它可以被拖成下列三角形之一。

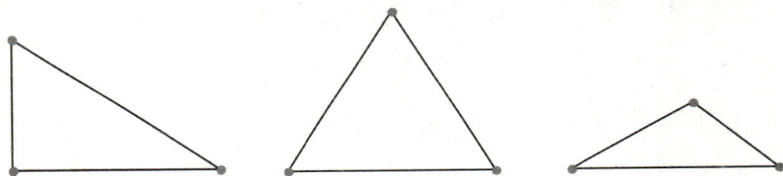

图 4-1-15

要点思路：熟悉"直尺工具"的使用，拖动图中的点改变其形状。

操作步骤：观察下图，你能明白三角形就是用【直尺工具】画三条首尾相接的线段所组成的图形。

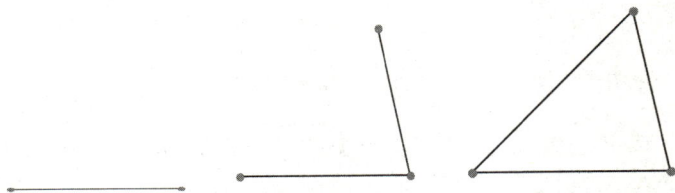

图 4-1-16

步骤一：打开几何画板，建立新绘图。

步骤二：单击【直尺工具】 按钮，将鼠标移到在绘图区，单击并按住鼠标拖动，画一条线段，松开鼠标。

步骤三：在原处单击鼠标并按住拖动，画出另一条线段，松开鼠标（注意鼠标移动的方向）。

步骤四：在原处单击鼠标并按住拖动，画出第三条线段，鼠标移到起点处松开鼠标（注意起点会变色）。

步骤五：将该文件保存为"三角形.gsp"。

拓展：你也可以将鼠标移到在绘图区，单击并松开鼠标拖动，画一条线段，单击鼠标。在原处再单击鼠标并松开拖动，画出另一条线段，单击鼠标。在原处单击鼠标并松开拖动，画出第三条线段，鼠标移到起点处再次单击。

总结：学完以上两个例子，你是否意识到下面问题。

用几何画板绘制几何图形，首先得考虑对象间的几何关系，不是基本元素（点、线、圆）的简单堆积；

点不仅可作在画板的空白处，也可以作在几何对象（除"内部"外）上。线段和圆的起点和终点也如此，即不仅可作在画板的空白处，也可以作在几何对象上，即构造"点"与"线"的几何关系；

【选择箭头工具】不仅用于选择，还可用来构造交点；

在画点（或圆、直线、线段、射线）时，鼠标移到几何对象（点和线）处，几何对象会变为淡蓝色，此时单击鼠标才能保证"点"、"点"重合，"点"在"线"上；

对于绘制图形的辅助线，一般情况下不能删除，要不然相关对象都被删除了，只能选定按快捷键"Ctrl+H"隐藏。

用构造菜单作图

通过前一部分内容的学习，你是否明白用"工具框"作图，几乎可以作出所有欧几里德图形，实质上和传统的尺规作图没什么两样（只不过电脑作出的图形是动态的，拖动点和线，能保持几何关系不变，黑板上的图形是静态的，不能拖动），但仅靠"工具框"作图实在太慢了，例如，我们想要作一条线段的中点，仅用工具作图，你想一想，通常要几步？

例：如图所示，用作图工具作一条线段 AB 的中点 C，通常需要以下几步。

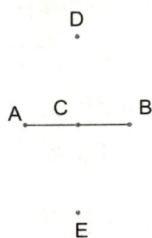

图 4-1-17

用作图工具作线段的中点，几乎和传统的尺规作图一样，至少要经过 3 步：

步骤一：作两圆及交点。分别以点 A 点 B 为圆心，AB 为半径画圆；用"选择工具"单击两圆相交处，作出两圆的交点 D、E。

步骤二：作线段 DE。过两圆的交点作一条线段 DE。

步骤三：作中点 C。用"选择工具"单击线段 AB 和 DE 相交处，得线段中点 C。

有没有更简单的方法呢？有，只要你选中了线段，按快捷键"Ctrl+M"，电脑就构造好了中点。具体步骤如下：

步骤一：选取线段。用"选择工具"单击线段；

步骤二：作中点。由菜单"构造"→"中点"（或直接按快捷键"Ctrl+M"），得到中点。

图 4-1-18

由上面的作法，你是否想到，用"作图工具"画出基本元素（即"点"和"线"），选取它们，用菜单命令或快捷键，就能让电脑自动快速作出一些我们想要的基本图形，减少很多仅凭"作图工具"作图的重复劳动。

点的作法

如右图所示：几何画板的点作法分为三类：对象上的点、中点、交点。

1. 对象上的点的作法：选定任何一个"对象"或多个"对象"，单击

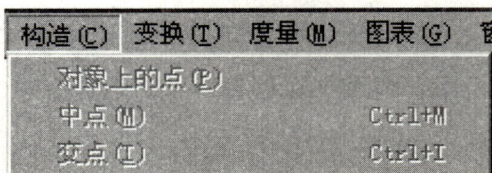

图 4-1-19

菜单【构造】→【对象上的点】命令，电脑根据你选取的对象，构造出相应的点，点可以在对象上自由拖动。这里的对象可以是"线"（线段、射线、直线、圆、弧）、"内部"、"函数图像"等。

小技巧：一般情况下，除"内部"外，用"点工具"直接在对象上画出点（在画点状态下，用鼠标对准对象单击），这样更快。

2．中点：选取一条线段，单击菜单【构造】→【线段的中点】命令，电脑就构造出所选线段的中点。

例1：作三角形的中线

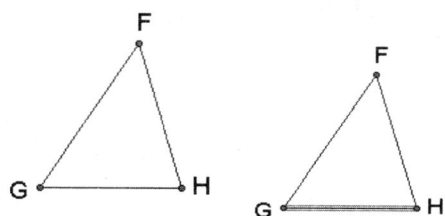

图 4-1-20

步骤一：画 △GHF。用"画线工具"画一个三角形，用"标签工具"把三角形的顶点标上字母。

步骤二：用"选择工具"单击线段 GH，选定边 GH。执行菜单【构造】→【中点】（或按快捷键"Ctrl + M"），作出线段 GH 的中点。

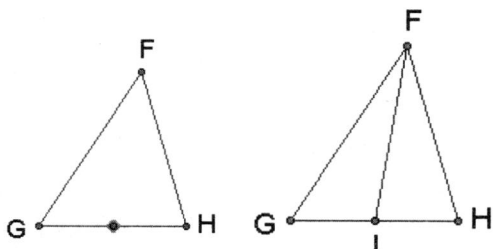

图 4-1-21

步骤三：连接 FI。用画线工具对准 F 点，拖动鼠标到 I 点后松开鼠标。

直线型的构造

直线型的构造包括：线段、射线、直线、平行线、垂线、角平分线。

线段、直线、射线的构造

如选取的点是画射线，第一个点为射线的端点；

使用快捷键"Ctrl＋L"能快速画线段,但画射线、直线没有快捷键;

如果是过两点画直线（或射线或线段）的话,在选取相应工具的状态下,用鼠标对准一个点,按下鼠标移动到另一点,松开就得直线（或射线或线段）;

选取两点以上也能画线段（射线、直线）

例1：快速画中点四边形

步骤一：按住 Shift 键,用点工具画出四点（或用点工具画出四点后,在选择状态下,用鼠标拉出一个矩形框,框住这四点）

步骤二：按"Ctrl＋L",顺次连接四点。

图 4-1-22

步骤三：按"Ctrl＋M"后,作出四边中点,再按"Ctrl＋L"连接中点,得中点四边形。

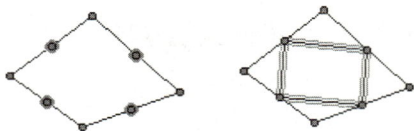

图 4-1-23

平行线或垂线的作法

即过一点作已知直线（或线段或射线）的垂线或平行线,想一想,作垂线或平行线,需要选定什么？

选定点和直线：选定一点和一直线；或选定几点和一直线；或选定一点和几条直线,菜单变成如下状态：

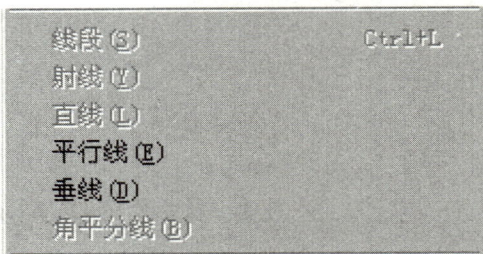

线段(S)	Ctrl+L
射线(Y)	
直线(L)	
平行线(E)	
垂线(D)	
角平分线(B)	

图 4-1-24

单击菜单命令"平行线""垂线"就能画出过已知点且平行或垂直已知直线的平行线或垂线。

例 2：三角形的角平分线

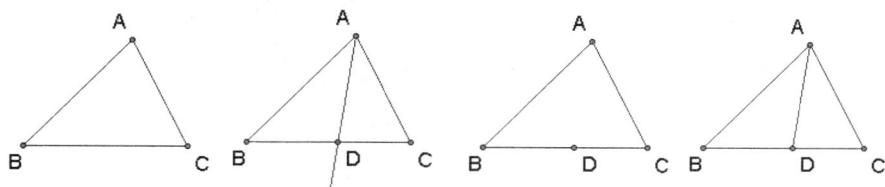

图 4-1-25

步骤一：画出 △ABC。用画线工具画出△ABC，并用标签工具标上字母。

步骤二：画出∠BAC 的平分线与线段 BC 的交点 D。选定点 A、点 B、点 C(注意，角的顶点一定要第二个选取)，单击菜单命令：【构造】→【角平分线】，在"选择状态"下用鼠标对准角平分线与线段 BC 的相交处单击。

步骤三：隐藏角平分线。在选择状态下，先用鼠标在空白处单击一下后，单击角平分线，再按快捷键"Ctrl＋H"（等效菜单命令："显示"→"隐藏"）。

步骤四：连接 A 点和 D 点。选定 A 点和 D 点后，按快捷键"Ctrl+L"（等效菜单命令："构造"→"线段"）。

圆型线的构造（圆、圆弧）

圆的绘制

方法一：选定两点（有顺序）。选定两点后，单击菜单命令"构造"→"以圆心和圆周上的点绘圆"就可以构造一个圆，圆心为第一个选定的点，半径为选定两点的距离，和"画圆工具"等效。

图 4-1-26

方法二：选定一点和一条线段（没有顺序）。选定点和线段后，单击菜单命令"构造"→"以圆心和半径绘圆"就可以构造一个圆，圆心为选定点，半径为选定的线段的长度。

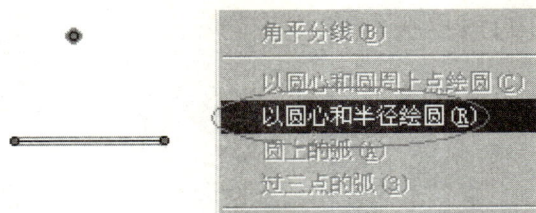

图 4-1-27

等圆的画法: 选定多点和一条线段 (没有顺序)。选定多点和线段后,
单击菜单命令"构造"→"以圆心和半径绘圆"就可以构造多个等圆,
圆心分别为选定点, 半径为选定的线段的长度。

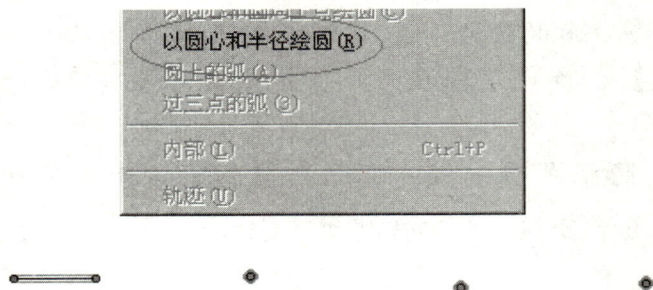

图 4-1-28

结果如下:

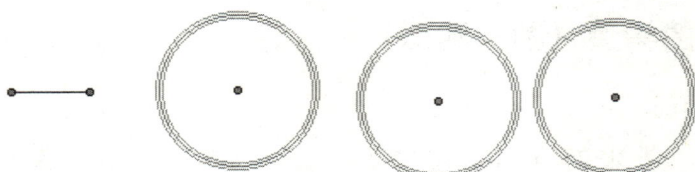

图 4-1-29

弧的绘制

方法 1: 选定一个圆和圆上的两点 (点有顺序)。选定一个圆和圆
上的两点后, 单击菜单"构造"→"圆上的弧", 就可以绘出按逆时针
方向从选定的第一点和第二点之间的弧。

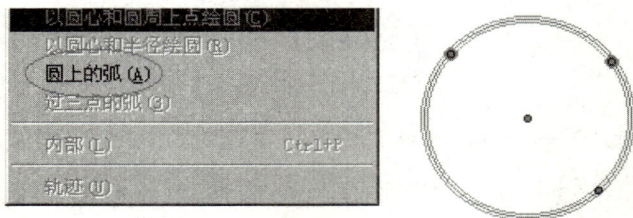

图 4-1-30

结果如下：

图 4-1-31

方法 2：选定特殊的三点（第一点为，另两点为端点的线段的中垂线上的点）。选定三点后，单击菜单"构造"→"圆上的弧"，就可以绘出按逆时针方向从选定的第二点和第三点之间的弧，第一个点为弧所在圆的圆心。

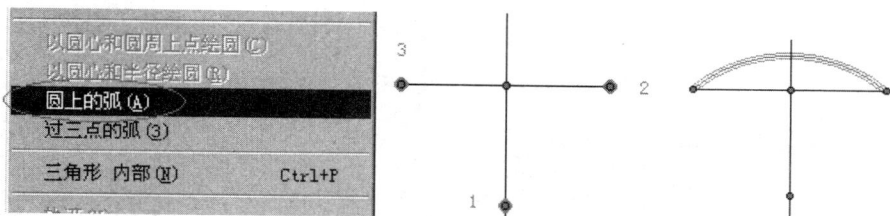

图 4-1-32

多边形内部的构造

选定三点或多点后，就可构造多边形内部了，如三角形内部的构造：选定三点后，单击菜单"构造"→"三角形的内部"，就可以绘出由这三点决定的三角形的内部。

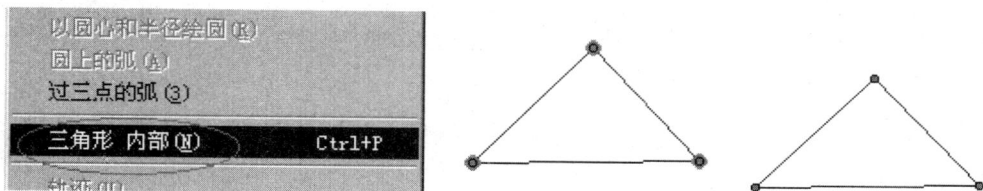

图 4-1-33

圆内部的构造

选定一个圆（或几个圆）：选定一个圆（或几个圆）后，单击菜单"构造"→"圆内部"，就可以绘出这个圆的内部。

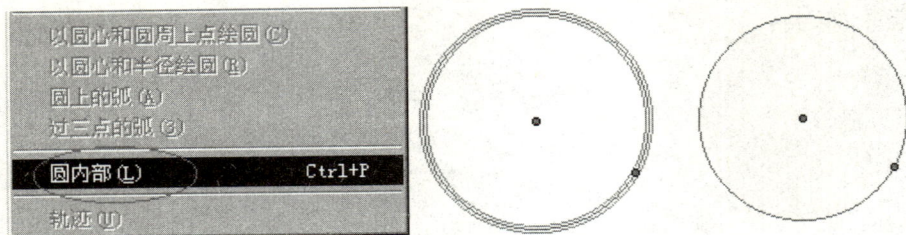

图 4-1-34

扇形（弓形）内部的构造

选定一段弧（或几段弧）：选定一段弧（或几段弧）后，单击菜单"构造"→"弧内部"→"扇形内部"或单击菜单"构造"→"弧内部"→"弓形内部"，就可以绘出这段弧所对扇形或弓形的内部。

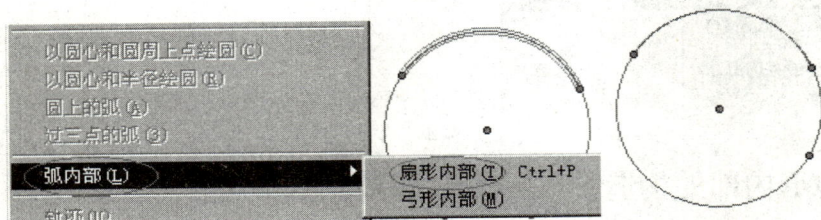

图 4-1-35

这是一个动态的菜单，如选定的是四点，则此菜单显示的是"四边形的内部"；如选定的是五点，则此菜单显示的是"五边形的内部"；如果选定的是圆，则此菜单显示的是"圆内部"；如果选定的是弧，则此菜单显示的是"弧内部"。

"内部"的快捷键是"Ctrl+P"，但"弓形内部"没有快捷键。

点的轨迹的构造

让我们先看一道常见的数学题：

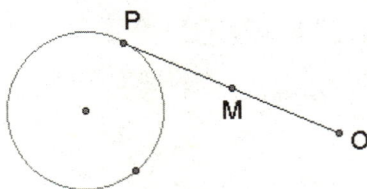

图 4-1-36

P为圆上任意一点，则线段OP中点M的轨迹是什么？选定P点，单击菜单命令：【显示】→【生成点的动画（A）】。

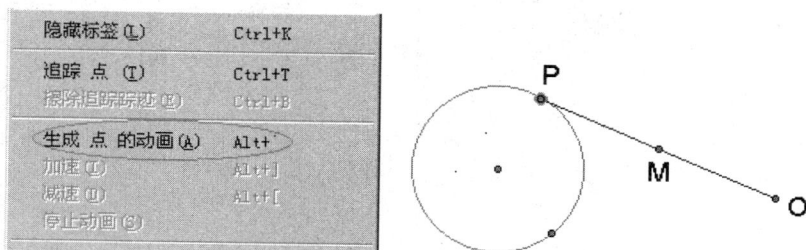

图 4-1-37

结果如图 4-1-34：可以观察到点 P 在圆上运动，M 也跟着运动

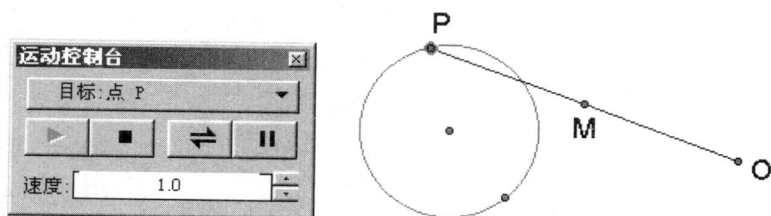

图 4-1-38

要知道 M 的轨迹，先单击"运动控制台"的停止按钮，让动画停下了后，然后选定 M 点后，按快捷键"Ctrl+T"，跟踪点 P，仅选定 P 点后，再按"运动控制台"的播放按钮，就可观察到点 M 的轨迹是什么。

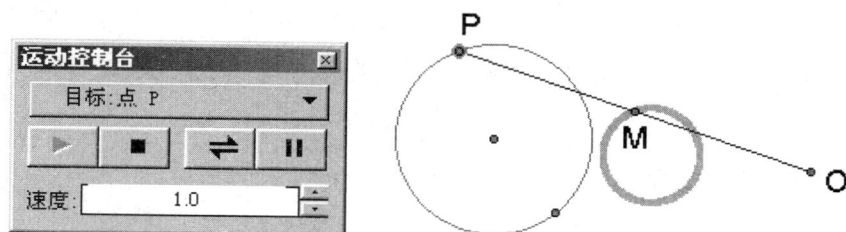

图 4-1-39

但这样的轨迹按 Esc 键就能清除掉，还不能保存，如何才能真正构造出点 M 的轨迹呢？

作法：选定点 P 和点 M（没有先后），单击菜单命令：【构造】→【轨迹（U）】（注意：在作轨迹以前最好按 Esc 键清除掉 M 的暂时轨迹）。

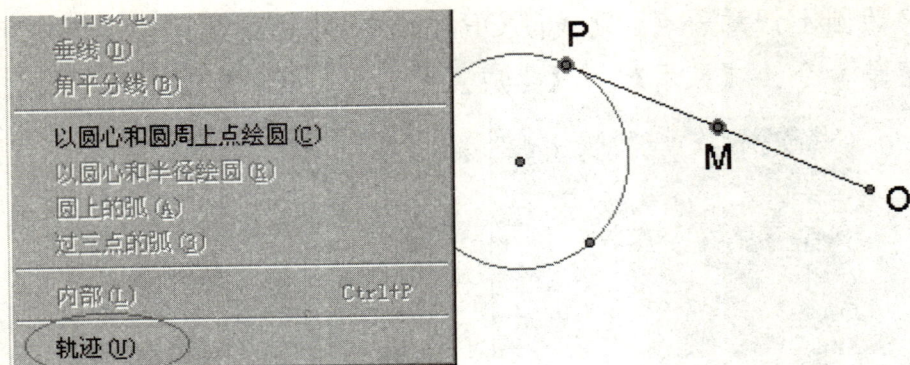

图 4-1-40

结果如下：

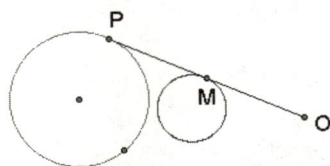

图 4-1-41

构造轨迹的前提条件是：选定两点，一点是在一条路径上的自由点和能够跟随此点运动的点即被动点，路径可以是任何线轨迹、函数图像。

几何画板的屏幕测量功能

图像的数据探究往往需要屏幕测量或者量化数据。图像的屏幕测量需要用到屏幕测量工具，几何画板是一款短小精悍的屏幕测量软件，对运行环境要求不高，却具有强大的测量与函数计算功能、图形显示功能和动画功能，能以动态的方式表现数形关系。有关度量的简单案例如下：

测量线段的长度

测量步骤：

1. 制作待测的线段。单击工具箱中的按钮▯，在画板工作区中点击鼠标左键不放，同时向外拖动鼠标，即在工作区中画出了一条线段AB，如图 4-1-38 所示。

2. 测量长度。选中线段AB，单击功能菜单中"度量（M）"的子项目"长度（L）"，则度量出来线段AB的长度是 7.90 厘米。

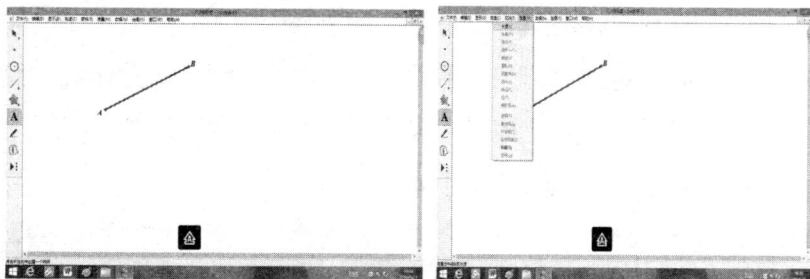

图 4-1-42 度量线段 AB 的长度

测量角的度数

制作待测的角：单击工具箱中"□"，在画板工作区中点击鼠标左键，画出三个点"A"、"B"和"C"；选中点"A"和"B"，单击功能菜单中"构造（C）"的子项目"线段（S）"，构造出线段"AB"；选中点"B"和"C"，单击功能菜单中"构造（C）"的子项目"线段（S）"，构造出线段"BC"，如图 4-1-39 所示。

测量角度：选中点"A"、"B"和"C"，选中线段"AB"，单击功能菜单中"度量（M）"的子项目"角度（A）"，则度量出来 ∠B 是 46.67°。

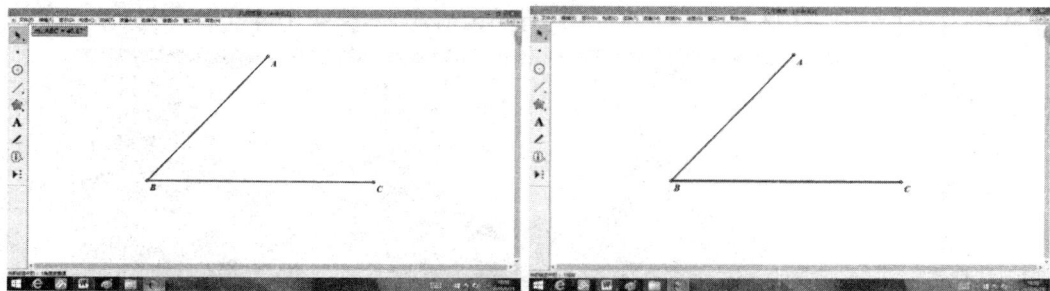

图 4-1-43

此外，我们还可以测量很多的量，线段的长度，2 点间的距离，图形的周长，角度，弧长，半径，面积，比，以及点的坐标等。如图 4-1-40 所示。

测量探究案例：用地图探究中国大陆的面积

1．下载中国地图：打开百度搜索引擎，输入"中国地图"，打开中国地图后，按"PrtSc 键，将地图图片数据放在剪切板上。

2．将中国地图放进几何画板：打开几何画板，点击菜单栏"编辑"——"粘贴图片"命令。

　　3．制作中国大陆多边形。用画点工具在中国地图上面标出中国大陆的主要顶点；用菜单栏"构造（C）"——"构造多边形"命令，构造出中国大陆的多边形，如图 4-1-41 所示。

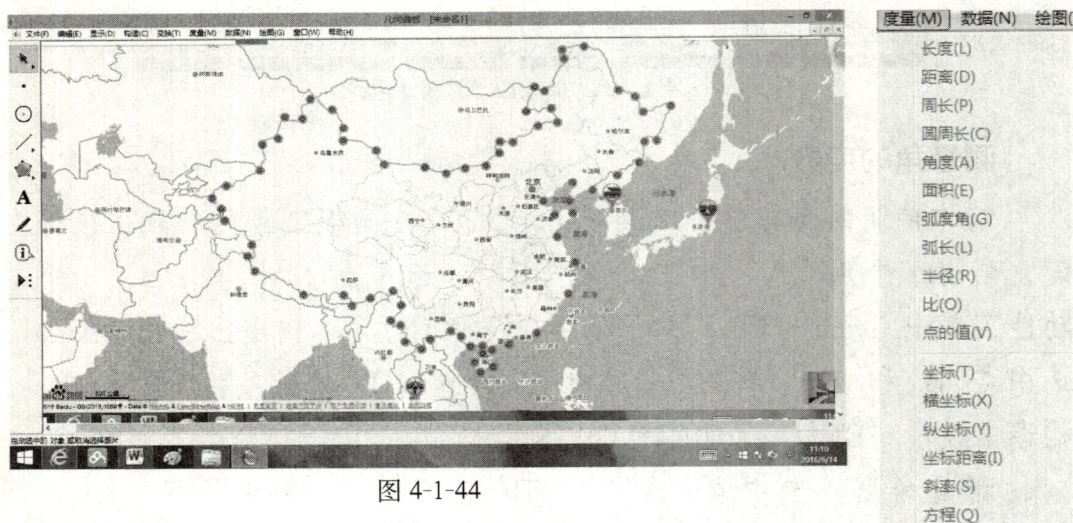

图 4-1-44

　　4．测量中国大陆的屏幕面积。用鼠标选取中国大陆多边形；用菜单栏的"度量（M）"中的"面积（E）"命令，测量出中国大陆的屏幕面积约为 126.88cm2，图 4-1-42。

图 4-1-45

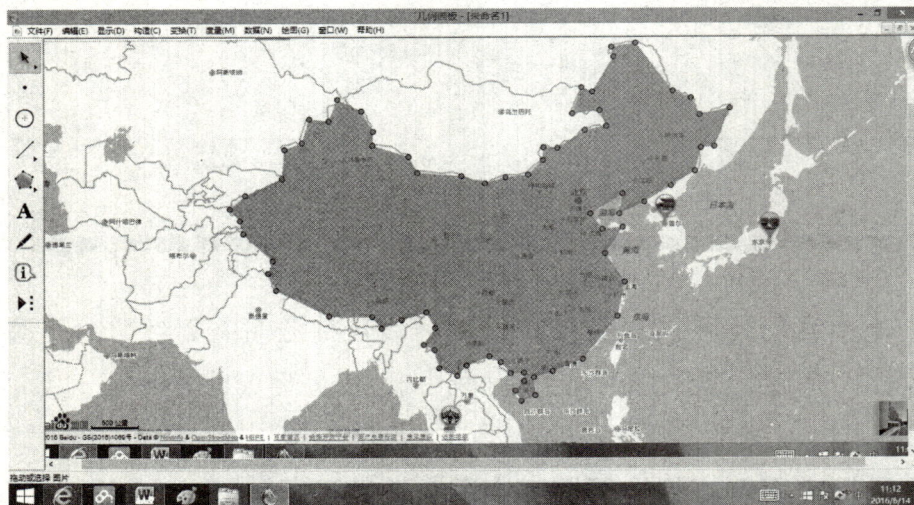

图 4-1-46

　　5．换算出实际面积。用画点工具在中国地图中的比例尺上标出其两个端点；用菜单栏"度量（M）"中的"距离（D）"命令，测量出比例尺的屏幕距离约为 1.88cm。因为地图上面可以读出从比例尺的实际长度是 500Km。所以，中国大陆的实际面积为，$126.88 \times (500 \text{ Km}/1.88)^2 = 8.9E^6 \text{ Km}^2$。

迭代与深度迭代的数学实例

任意正 n 边形的画法

问题情境：

用旋转变换很容易画出正方形，正六边形等正多边形，但边数太多时，如要画正十七边形或更多时，得用旋转变换 16 次，那么有没有简单的方法呢，有，那就是"迭代"。

迭代是重复反馈过程的活动，其目的通常是为了逼近所需目标或结果。每一次对过程的重复称为一次"迭代"，而每一次迭代得到的结果会作为下一次迭代的初始值。

在数学中，迭代函数是在分形和动力系统中深入研究的对象。迭代函数是重复的与自身复合的函数，这个过程叫做迭代。

而迭代算法则是用计算机解决问题的一种基本方法。它利用计算机运算速度快、适合做重复性操作的特点，让计算机对一组指令（或一定步骤）进行重复执行，在每次执行这组指令（或这些步骤）时，都从变量的原值推出它的一个新值。

基本思路：

1. 画两个点，标记其中一个点作为正 n 边形的中心。另一个点为最基本的第一顶点；

2. "新建参数" n，用 3600 除以 n，得正 n 边形的圆心角；

3. 选取圆心角后"标记角度"，让第一顶点绕中心按"标记的角度"旋转，得第二顶点；

4. 选取参数 n、进行第一顶点到第二顶点的"深度迭代"；

5. 选取参数 n，按小键盘上的"＋、－"键可以改变参数，得到动态的正 n 边形。

制作步骤：

准备工作（确定旋转角的度数和迭代的深度）

1．按"alt＋＝"键，调出计算器，输入"360°÷"（"°"由单位按钮输入）。

2．单击计算器的"数值"按钮。

3．单击"新建参数"按钮。

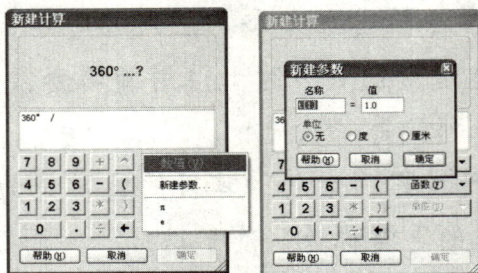

图 4-1-47

4．将新建参数的对话框改为下图。

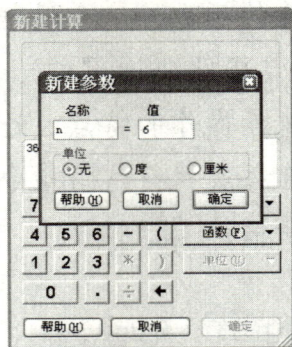

图 4-1-48

5．单击新建参数的对话框的"确定按钮"后，单击计算器上的"确定按钮"，再调出计算器，计算 n－1。画出点 A 和点 B，如下图所示：

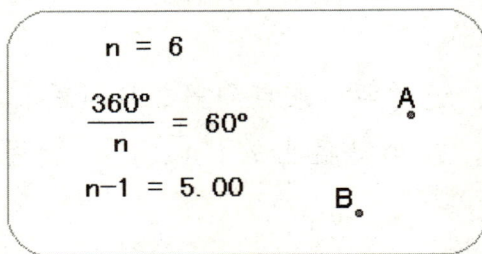

图 4-1-49

6. 让 B 点，绕点 A 旋转 "$\frac{360°}{n}=60°$"，得 B'，连接 BB'。如下图所示：

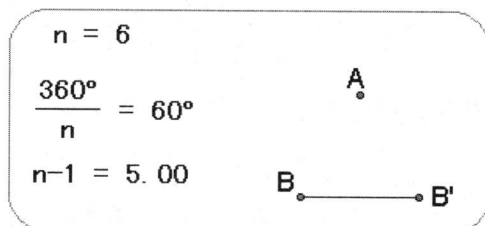

图 4-1-50

深度迭代制作

7. 同时选取点 B、"n − 1 = 5"；

8. 按住 Shift 键不放，单击菜单"变换"→"深度迭代"弹出如下图 4-1-47 的迭代对话框；

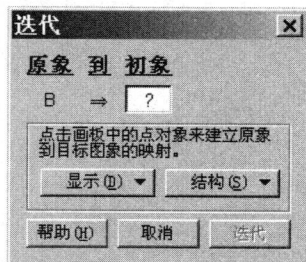

图 4-1-51

说明：此步如不按住 Shift 键，菜单中的命令项是"迭代"，几何画板中部分菜单项会根据按键、工具按钮的选取状态而改变。本例中为了能动态地构造正 n 边形，必须用深度迭代。

9. 单击工作区中的点，使图 4-1-51 中"初象"下面框中的问号变成，单对话框中的"迭代"按钮。

10. 本例至此基本完成，选取工作区中的参数 n，用小键盘上的"＋、－"键可以改变 n 的大小。（说明：参数可以减少到 2 以下甚至负数，这时已不能构成多边形，在进阶实例中，大家会学习到控制参数大于或等于 3 的技巧。）

图 4-1-52 是当 n=6 时的图形。

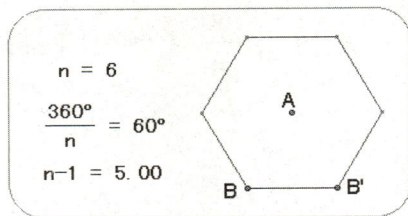

图 4-1-52

构造"奇妙的勾股树"

制作思路:

首先构造一个直角三角形,并以斜边为边长构造一个正方形,给正方形填充颜色后,用动态的度量值控制正方形内部填充色的改变,然后用【深度迭代】构造"勾股定理树"。下面就让我们开始一步一步构造"勾股定理树"。

操作步骤:

1. 新建画板后,用画线工具画出线段 AB,双击点 A(这样就把点 A 标记为中心),单击线段 AB 和点 B,选择【变换】/【旋转】,打开【旋转】对话框,单击【旋转】按钮(此时默认旋转角度为 90°),得到线段 AB';双击点 B' 标记点 B' 为中心,旋转线段 AB'(旋转角度为 90°)得到线段 B'A',依次单击点 A' 和点 B,按快捷键 Ctrl+1,构造线段 A'B,此时构造出正方形 ABA'B'。

2. 单击选中线段 A'B',按 Ctrl+M 组合键,构造出 A'B' 的中点 C(点 C 为选中状态),再依次选中点 A' 和 B'(注意顺序不要搞错啊),选择【构造】/【圆上的弧】,构造出以 A'B' 为直径的半圆,用画点工具在半圆上画出点 D,如图 4-1-53。

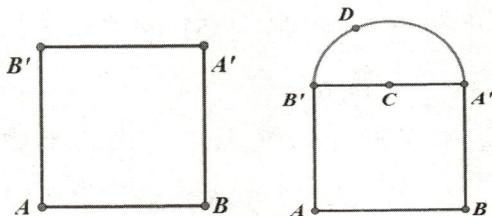

图 4-1-53

3. 依次单击选中点 A、B、A'、B',选择【构造】/【四边形内部】,把正方形填充上颜色;在工作区空白处单击后单击选中点 A、D,选择【度量】/【距离】得到 A、D 两点间的度量值。如图 4-1-54。

4. 依次单击选中正方形的填充色和度量值，选择【显示】/【颜色】/【参数】打开【颜色参数】对话框，按图 4-1-55 进行设置。用鼠标拖动点 D，看看正方形的填充色有什么改变？

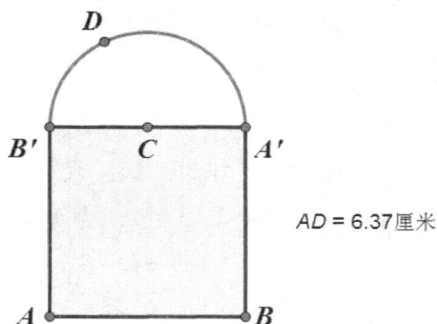

$AD = 6.37$ 厘米

图 4-1-54

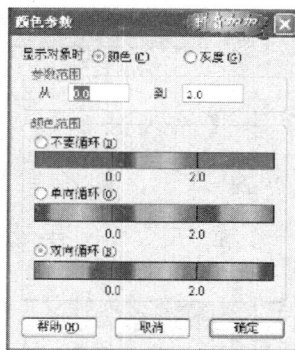

图 4-1-55

5. 选择【图表】/【新建参数】，打开【新建参数】对话框，如图 4-1-56 所示，单击【确定】按钮，得到参数 t1=1。

6. 依次选中半圆和点 C，按组合键 Ctrl+H；依次单击选中点 A、点 B、参数 t1=1.0，按住 Shift 键的同时选择【变换】/【深度迭代】，弹出【深度迭代】对话框，如图 4-1-57。

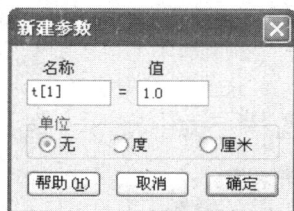

图 4-1-56

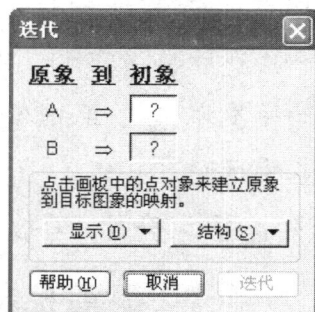

图 4-1-57

7. 当点 A 对应的框为白色是，单击 B'，当点 B 对应的框为白色时，单击点 D，结果如图 4-1-58。

8. 单击上图中的【结构】，出现结构对话框，如图 4-1-59。

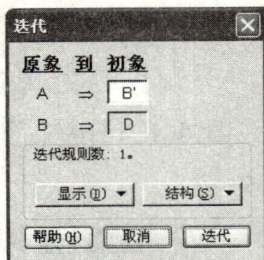

图 4-1-58

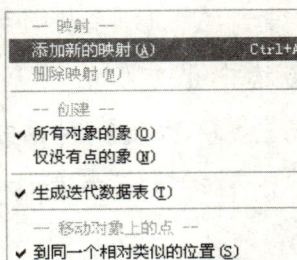

图 4-1-59

9. 单击【添加新的映射】，当迭代对话框出现新的"?"后依次单击点 D 和点 A'，如图 4-1-60；去掉结构对话框【生成迭代数据表】前的对勾，不显示表格，单击【迭代】按钮，完成迭代，结果如图 4-1-61。

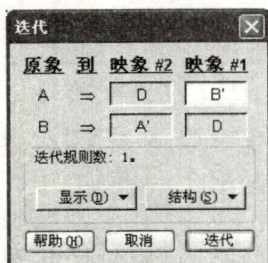

图 4-1-60

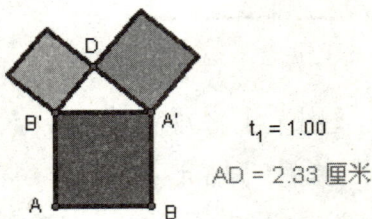

图 4-1-61

10. 选中参数 t1=1.00，按键盘上的"＋"、"－"键控制参数 t1 值的增减，同时也控制迭代层数的增减，请您自己试试看看迭代的效果是什么样子；最后选中点 D，选择【编辑】/【操作类按钮】/【动画】，生成【动画】按钮，单击它点 D 在半圆上运动，同时迭代得到的图形进行相应的运动。

t1=7.00 时，一棵漂亮的"勾股定理树"就出现了，如图 4-1-62 所示。

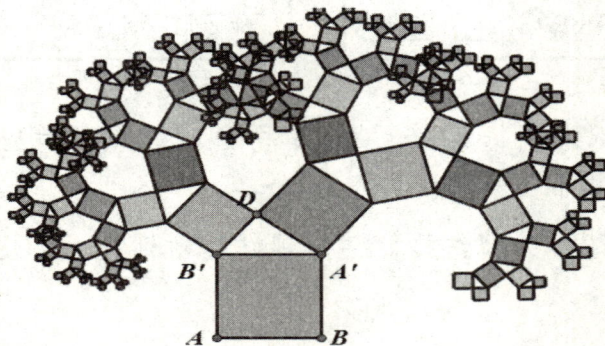

图 4-1-62

二、摄影在数码探究中的应用

摄影与科学研究

自从1839年法国人盖达尔发明银版摄影术，标志着摄影诞生以来，摄影走过一个多世纪的路程。可以说，摄影就是一种为时间留影，为空间与事物留形的技术和艺术。法国摄影大师卡蒂埃·布列松曾说过："一个人，一个事物，都具有决定性的瞬间。这一瞬间决定了此事物与其它事物的区别，决定其典型的意义"，意思是摄影者在某一特定时刻，将形式、设想、构图、光线、事件等所有因素完美地结合在一起，在极短暂的几分之一秒的瞬间，将具有决定意义的事物加以概括，并用强有力的构图表达出来。

由此可见，摄影所记录的影像，是对客观事物、事件相对全面的，概括性的记录。从影像中，可以分析出客观事物的形状、性质、时空关系等特征，也可以分析出事件在摄影瞬间状态，发展趋势等内容。因此，摄影当仁不让地成为科学研究中记录现象、分析数据的重要手段之一，特别是现象复杂，蕴含丰富信息的场合。

一般意义的摄影是指使用照相机等光学成像设备，利用光学成像原理，在记录介质（如底片、数码相机则将传感数据记录在存储卡中）上记录成像信息的过程。而更广泛意义的摄影则通过扩充成像概念，使之成为一种物与像一一对应的关系。这种一一对应关系，不仅仅局限于光学范畴，可以是任意一对存在关系的物理量。广义摄影则利用记录事物与成像平面的一一对应关系，形成对应的"图片"。比如射电望远镜通过记录不同方位、角度的宇宙电磁信号，对宇宙电磁背景进行"拍照"。电子显微镜则利用被记录物质对电子束（相当于光源）的不同反应，对它进行精确"成像"。从这个角度上，摄影与科学研究之间的关系就更密切了。广义的摄影技术，可以为科学研究提供全方位、多角度的信息记录和留存的手段。

蕴含海量信息的摄影图像

请观察下面两张公开发表的，用于报道石油工人王进喜的先进事迹的图片。除了领略"铁人"的魅力外，你还能从中得出什么信息？

图 4-2-1 铁人王进喜的工作场景

这两种照片，曾被戏称为最值钱的两张照片。这是因为日本的商业情报人员从图片中人物的衣着，栏杆、钻台的尺寸比例信息，并结合其它公开的信息，最后估计出大庆油田的产油能力，并以此作为决策依据，成功向中国销售相关的炼油设备。

虽然这个故事带有一点传奇的色彩，但是在当今的读图时代，各种卫星俯瞰图，天文望远镜的宇宙图片，各式手机拍摄并流传于社交网络的图片，在科研项目中用于记录现象的数据图片，都蕴含着海量的关于这个客观世界的信息。只要细心的观察、分析，就可能推断出你想要的信息。

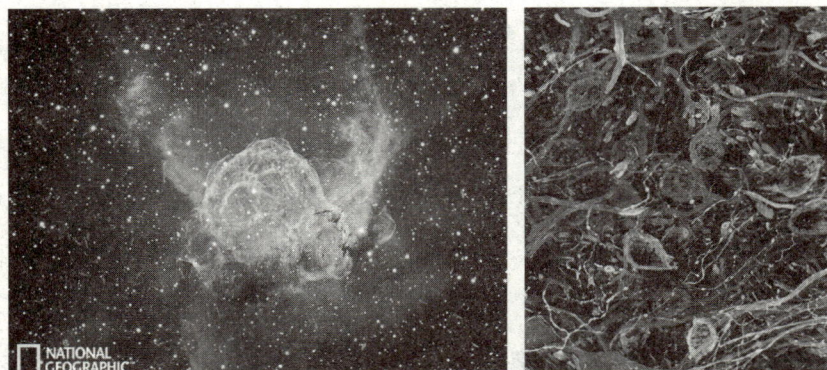

a：NGC 2359 星云，位于大犬座   b：表征神经细胞活动的"脑虹"图

图 4-2-2

a 水杯中的条纹　　　　　　　b 碰撞与速度合成

图 4-2-3

摄影在数码探究中的意义

如前所述，无论是一般光学摄影，还是广义的摄影技术，都可以记录事物的某一方面的特征、时空关系等要素，这对科学研究有重要的意义。而数码探究作为一种学生使用数码设备进行科学研究与学习的方式，应用摄影技术，特别是数码摄影技术，对支持学生进行科学观察、科学记录以及分析有相当大的作用，也对培养学生科学观察、记录的意识和习惯有重要意义。

这种作用和意义一般表现为：

1. 记录的便捷性。特别是数码摄影技术的普及，学生可以方便地通过手机、数码相机等设备，随时随意记录想要记录的场景和现象，十分便捷。

数据的多态性。"一图胜千言"。一幅图像实际上就是一组庞大的、复杂的数据聚合体。由这种数据形式、形态的多样性所带来的数据解读的多样性，是培养学生细致科学观察能力，思辨、推理能力的很好的途径。

2. 成果的多样性。摄影最直接的就是记录，再经过分析者的解读以后，形成不同的结论与成果。但除了记录，摄影也在某种程度上表达着摄影者本身观察、意图与思考。有时候，一幅成功的科学研究图片，就是摄影者对事物本质的剖析、再现以后的思考成果。这种成果反映这事物本质的、核心的性质与联系。所以，探究中的摄影可以以多重形式呈现探究过程的成果。

一般来说，应用数码相机开展数码探究可以分为以下四个步骤：

1. 记录现象。这个环节主要通过数码相机、手机等数码成像设备进行拍照，留存现象。

2. 比对测量。在这个环节中，可以直接通过图片中要素的比对观察、测量；也可以进一步应用图像处理软件，形成比对与测量。

3. 获得数据。这个环节承接测量环节，得出最终的数据。一般是得出事物的某些方面要素的特征、关系的数据。

4. 获得新知。这个环节是整个数码探究最重要的部分。它是在整个记录、测量以后，通过分析、思辨、计算、推演等方法，对数据、关系进行分类、整合、提炼，进而形成对事物的新的认识的过程。

在数码探究、科学研究的真实过程中，上面四个环节并不是按顺序一成不变的。根据具体情况或做循环或调顺序。但毋庸置疑的是，获得新知，是整个过程的核心环节。学生通过这个过程，获得新知识、构建自有而独特的知识结构。

但这种"新"知识可能仅仅是对学习者自身而言。我们可以把这个过程称为"创己之新"，一种建构主义学习过程。而有时候，由于独特的视角与思考，学生会不知不觉走到某种知识前沿之上，而通过他的进一步探索，可能会创新对世界认识，形成真正的新知。这个过程，我们可以称为"创世之新"——真正的科学探索与研究。

由前面介绍可知，无论是"创己之新"探究性学习，还是"创世之新"的科学探究，摄影都在探究过程的各个环节起着不同而重要的作用，对探究有着重要的作用。

如何为研究摄影

在数码科技广泛应用的年代，摄影变得异常简单。触一下手机屏幕，按一下数码相机快门，一张数码照片就轻松搞定。而且，进一步利用图像处理软件，就可以轻松对照片进行各种修改和特效。数字技术把传统摄影中依靠经验与知识的参数设定与暗房技术都变得轻松无比，人皆可用之。

但是，拍摄虽很容易，但绝不随意。一幅好的摄影，特别是可以准确还原情景、记录信息并表达拍摄者意图的摄影，离不开对设备的熟练掌握与控制。这就是所谓"工欲善其事，必先利其器"的道理。所以，为开展研究而摄影，需要充分了解以数码相机为核心的摄影系统的各方面的特性，才能拍摄出能还原事物真实而全面信息的照片。

接下来，就让我们走进数码相机的高级应用世界。

数码相机高级应用

光是摄影的灵魂。光通过镜头里的光圈，以及相机快门，最后到达底片（感光元件）并被吸收后，影像在底片上成像曝光。光圈打开的大小、快门开启的时间以及底片（感光元件）的敏感程度，决定了底片的最终曝光量，从而决定了成像的清晰程度与质量。

在自动化的数码相机中，只是把常见场景的参数设置固化在相机的相关模式里，并通过各种传感器的数据，针对具体拍摄环境进行分析，微调参数。此外，相机的不同焦距选择、与被拍摄物的不同的空间关系等参数，也对照片上图像的真实还原程度有很大影响。所以，如果拍摄者能对各种拍摄参数调节及其原理有所了解，必然能对各种固有拍摄模式有更深入的理解，而且也能根据研究的需要，个性化调节系统参数，保证拍摄质量。

相机的模式与参数

并不是所有数码相机都开放所有的参数供使用者调节。单镜头反光镜相机（包括微单）、高级的消费型数码相机以及厂商面向高级使用者的数码相机系列，才具有全面调节参数的各种模式。这些模式分别是：

P模式，程序曝光模式。该模式下相机会根据环境亮度自动选择光圈和快门速度，自动调节曝光量以获得比较准确的曝光。

S模式，快门优先模式。该模式是在手动定义快门的情况下，通过相机测光而匹配光圈值，以保证合适的曝光量。快门优先多用于拍摄运动的物体上，特别是在体育运动拍摄中最常用。

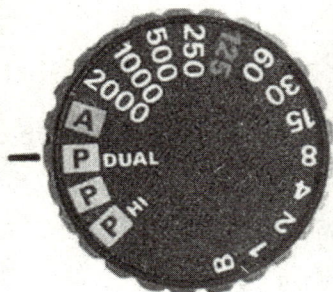 

图 4-2-4   图 4-2-5

    A 模式，光圈优先模式。光圈优先是指由机器自动测光系统计算出曝光量的值，然后根据你选定的光圈大小自动决定用多少的快门。该模式一般用来拍摄静物和控制景深。

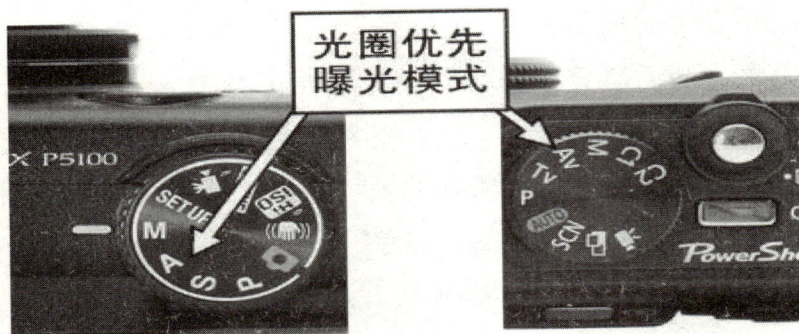

图 4-2-6

    M 模式，全手动模式。该模式是指光圈、快门值全部由使用者设定。照相机直接根据参数进行曝光、摄影。该模式适合需要对摄影参数进行个性化调节，以及一些自动、半自动模式无法准确还原拍摄场景的场合。但拍摄的参数和质量控制，需要经过反复调节、比较才能最终确定。

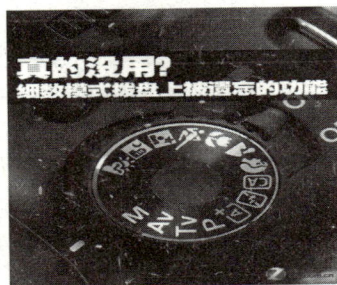

图 4-2-7

    以上 PASM 模式的调节，无论是传统胶片相机、还是数码相机均适用。

    除了光圈和快门对曝光有决定性影响外，底片（感光元件）的敏感程度，也从另一个方面决定了光在上面的留存情况。这个感光度一般用 ISO 值表示。对于感光胶片来说，敏感程度取决于感光物质的颗粒大小，颗粒越大，感光越敏感，但形成图像越粗糙。而对于数码相机的感光元件来说，虽然感光的元件大小是一致的，但是随着感光度增加，传感器产生的颜色数据的误差就越大，最终表现在图像文件上就会形成无用的"噪点"。数码相机在经过处理后，最终会形成相对粗糙的图像。

关于光圈、快门、感光度对图像清晰程度的影响，可以用以下图示形象表达。

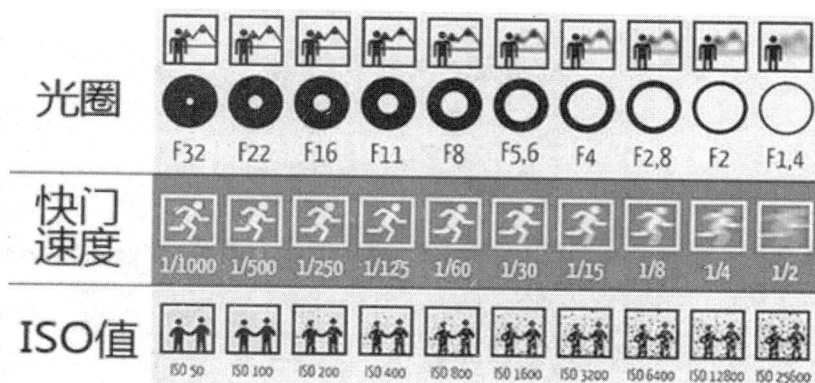

图 4-2-8

从上图可以看到，光圈、快门、感光度的大小都对照片某方面的清晰程度有所影响。

如光圈对照片前后物体的清晰度对比产生影响。这被称为"景深"。光圈越小，被对焦的物体前后能同样清晰成像的深度就越小，形成主体清晰而背景模糊的图案。光圈越大，景深越深，主体和背景同样清晰。

而快门大小则对运动物体在底片上的清晰程度有影响。快门越快，被拍摄物体在底片上的像的移动越小，画面越清晰。反之，像的移动越大，画面越模糊。

而感光度则对画面整体的粗糙程度和噪点干扰的数量有关。感光度越低，形成图像越细腻。反之，越粗糙。

相机焦距、姿态与光源位置

相机是一个光学系统，由于系统焦距的不同，相机会有不同的拍摄视角范围，并会对被拍摄物产生不同的放大与压缩作用。

如下图所示，随着焦距的增加，照相机可以把远处的物体或细节拉近、放大，但同时也意味着观察的视角范围缩小。而焦距减小可以增大视角范围，把更多的事物容纳在到底片上，但同时也意味着物体的几何尺寸和空间位置会产生一定的压缩。下图是使用不同焦距拍摄一个模特的脸部特写的效果比对图。可以观察到，从焦距50mm，随着焦距的进一步减小，模特脸部开始变形、被压缩，和实际相比偏差越来越大。而50mm恰好就是人眼的等效焦距。因此50mm焦距的镜头被称为相机标准镜头。

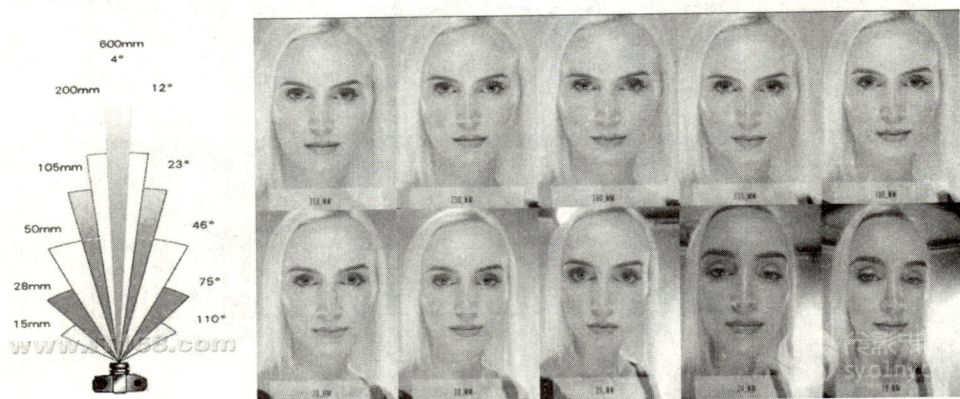

图 4-2-9

对事物产生变形影响的，除了焦距以外，拍摄的角度也有很大影响。选择正确机位——拍摄角度，可以更准确还原场景以及细节。这在用于获取比例和几何信息的研究性摄影中显得尤其重要。

无论是人眼还是相机，靠近观察点的物体看起来比较大，反之比较小。所以，同一个物体的不同部分如果距离相机镜头的距离不一样，就会显得大小不一。并且在焦距的作用下，这种变形效果会被放大。比如网络流行的自拍美颜角度通常是俯拍。而这样的结果是，眼睛显得更大，下巴显得更小。而仰拍，则有时显得人像比较胖。下图展示了某女明星在自己微博上发的三个自拍角度，说明角度对照片形变的影响。

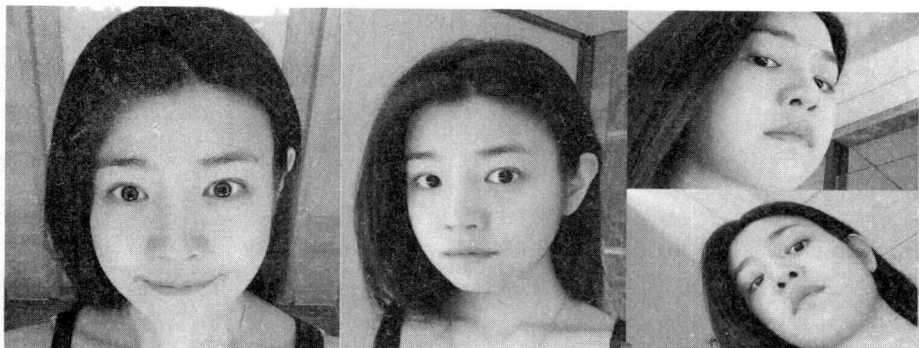

图 4-2-10

在实际拍摄中，为了能正确还原被拍摄物的性质，可以使用相机中的辅助构图线或者水平调节器辅助机位和角度的调整，使相机拍摄的方向和被拍摄物体所处平面尽量垂直。

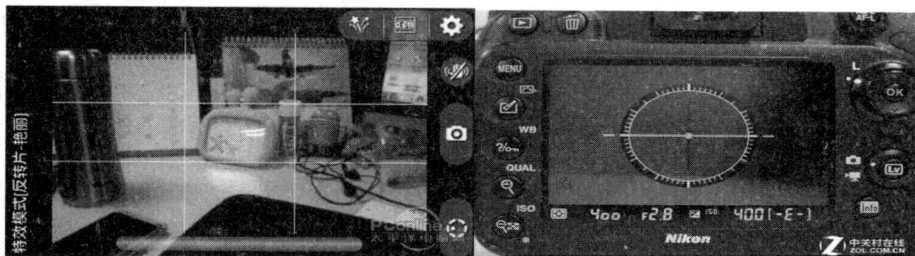

图 4-2-11

高速摄影的分类与相机参数

在研究中，特别是物体快速运动场景，需要适用高速摄影技术，比如拍摄物体自由下落、反弹，水滴落到水面溅起水花的过程。这要求相机或摄影系统具有快速记录信息能力，或者具有高速摄像的功能。在这里的高速摄影特指高速拍摄、留存整个运动过程的技术，而并不特指拍摄高速运动物体瞬间的技术。

高速摄影的主要衡量参数是帧速——每秒拍摄的画幅数量，用 FPS（Frame Per Second）表示。而目前利用数码相机进行高速摄影，按相机类型及辅助系统来分，大致分为三种：高速连拍、高速摄像、频闪拍摄。

高速连拍是指相机以正常拍摄状态，快速、连续拍摄一系列的照片。高速连拍下的照片和普通拍摄的质量相同，像素高、细节丰富。但由于数码相机受相机像素大小以及某些机械动作所限制，特别是单反相机的抬升反光板动作，所以限制了高速连拍的拍摄频率。一般单反相机在 3-5

（FPS：3-5）张每秒，高级的在 10-14（FPS：10-14）张每秒。

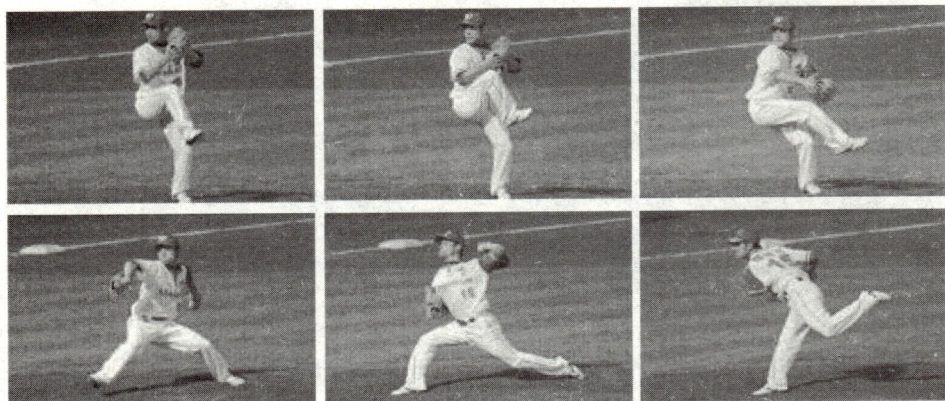

图 4-2-12

高速摄像是指数码相机使用连续摄像模式记录拍摄过程。由于处理器能力的极大提升，高速摄像的拍摄速度有很大增加。一般在高清质量下可以到 120-480（FPS：120-480）张每秒，某些超高速数码相机甚至可以在 1024*600 的分辨率下拍摄 1200（FPS1200）张每秒的高速录像。

频闪摄影则是指使用快速闪光的光源，让被拍物体在相机中多次曝光，从而记录整个运动过程的一种拍摄方法。无论是机械相机还是数码相机都适用。但与前两种方式不一样，频闪摄影智能形成一张留存有物体不同运动位置的照片，而且很多时候背景是黑色的。这种方法，除了数码相机外，还需要设定一个合适的拍摄环境以及配有高速闪光设备，因此比前面两种方法要复杂。但是它的优点是，由于闪光亮度高，主体清晰，并且在一张图像中留存各个拍摄时刻的位置，能直观地分析具体运动过程与规律。特别适用于二维运动的分析。

图 4-2-13

市面上有很多可以进行高速摄影、摄像的设备。如现在普遍拍照手机可以达到FPS240的慢动作录像，一般具有慢动作模式的数码相机也可以拍摄FPS240-480的高速视频。少数数码相机如卡西欧、索尼、尼康的部分型号可以达到FPS1000以上的拍摄速度。而在极限运动中使用的运动摄像机如GOPRO可以在1080p高清下拍摄FPS240的录像。

表 4-2-1

品牌	型号／系列	性能
卡西欧	ZR200、FH100	FPS1000@320*120
索尼	RX100 IV	FPS960
尼康	J1/J2	最高FPS1200
佳能	HS 系列	FPS240
拍照手机		FPS240
运动摄像机	GOPRO 等	FPS240@1080p

为拍摄选择合适的速度

虽然拍摄非常简单，但是每一次留影的应该稍加规划，力求让图片的质量符合需求，特别是在为研究而拍摄的时候。在拍摄之前，我们应该自问，被拍摄对象是否明亮，是否需要额外光源。如果拍摄运动物体，拍摄的场景中物体位置变化的速度如何，需要拍摄速度多高的设备。拍摄时，相机与被拍摄物体的角度、关系应该如何设计。这些因素都是拍摄的规划的一部分。

如很多认为运动很快的物体，如车辆，在拍摄它的运动时需要使用非常高速的相机。那么，是否低速物体的运动过程就不需要高速相机记录呢？请看下面的例子。如4-2-14左图所示，车辆通过50m路口，通过拍照测量汽车是否超速。而如4-2-14右图所示，水滴在约1cm高度下落，记录水滴下落过程的特点。

图 4-2-14

　　通常认为，超速的汽车运动很快，普遍超过 80km/h，约合 23m/s，需要高速相机才能记录下运动过程。而从 1cm 处自由下落的水滴，在接触水面时速度也只有约 0.5m/s，并不需要高速摄像记录过程。

　　而恰恰相反，在实际中，却是水滴需要使用高速摄影。原因是，根据计算，水滴从下落到接触水面，只经历了 0.05 秒（50 毫秒）。如果要在这段时间内捕捉 10 个水滴下落的瞬间，那么每两幅图片之间只间隔 0.005 秒（5 毫秒）。这意味着数码相机的拍摄速度至少在每秒 500 张（FPS500）以上！超速汽车虽然速度很快，但是在行使经过 50m 路口所需要的时间约 0.5 秒，若记录同样的 10 个瞬间，每两幅图片之间时间间隔 0.05 秒。这意味着拍摄速度只需要每秒 50 张（FPS50）。这样的速度，只需普通的运动摄影机或数码相机就可以满足速度要求。

　　所以，在选择相机拍摄速度时，物体真实移动速度往往会干扰我们的思考。真正需要考虑的是物体在图片（底片）上的运动速度。换句话说，就是主要考虑的是被拍摄对象的运动过程所经历的时间，以及在这段时间里需要捕捉的画面的数量，从而决定相机的速度。

　　进一步地，在高速摄影中，拍摄速度越快，拍摄快门越短，曝光量越少。为了能维持相对准确的曝光，可以采取的措施有增大光圈、提高感光度（ISO）和使用辅助照明。而需要注意的是这些措施可能带来副作用，比如增大光圈容易使景深变浅，让对焦变得困难；提高感光度容易让图片颗粒增多，图像不清；而使用辅助照明，容易因为角度不合适而在拍摄主体上形成额外的阴影，增加额外的干扰。

三、QQ 影音的使用技巧及其应用

QQ 影音的简介

QQ 影音是由腾讯公司推出的一款支持任何格式影片和音乐文件的本地播放器。QQ 影音首创轻量级多播放内核技术，深入挖掘和发挥新一代显卡的硬件加速能力，软件追求更小、更快、更流畅的视听享受。在畅享影音的同时，使用 QQ 影音自带"影音工具箱"功能，你可以使用视频截图、剧情连拍，还有视频截取和 GIF 截取功能，帮助你将精彩片段截取出来独立保存，成为图像分析方法中的重要素材来源。不仅如此，音视频转码，压缩，合并都是该软件的方便之处。QQ 影音软件可从腾讯软件中心、太平洋电脑网、天空软件等网站免费下载使用。

图像分析方法

图像分析方法是一种借助计算手段对图片、数码照片或者视频等数据，进行筛选、测量、分析或者交流的手段。图像分析方法主要有两种，一个是通过建立坐标系，将数据转换成点并且画进坐标系，再用光滑的曲线将这些点拟合出图线，最后通过观察图线，寻找规律或者价值；另一种是通过观察、测量或者分析图片和视频，寻找规律或者价值。物理学中的位移－时间图像、晶体的融化图像等就是前一种图像分析方法。完整的图像分析方法一般包括以下几个环节：

（1）获得或者选取图像；

（2）处理或者分析图像；

（2）得出结论并进行价值交流。

图像分析方法在生活之中运用广泛。比如，照片里含有各种信息，可以从不同时期的照片中，分析出一座城市的传统习俗的演化情况。再比如，遗传是生物的一种特性，可以从不同家庭的合影照片之中，通过照片测量与计算，发现人的五官位置或者比例具有遗传特征。还比如，外科医生可以通过 X 光拍照，对病人的骨折部位进行观测与定位，实施精准治疗。甚至在发生汽车剐蹭事故的时候，开车人只要拍下相关部位的照片，警察就能根据照片上的信息，判断出哪辆车应该负有交通事故主要责任。

QQ 影音截图功能

你可能会遇到这样的情况，学校需要上交上课的照片材料，但照片照得不是很满意，于是想从上课视频中截取一张。那么，具体应该怎么做呢？

使用 QQ 影音打开上课的视频，将时间轴拉到所需照片位置，点击【暂停】按钮，如图 4-3-1 所示。

图 4-3-1

点击右下角的影音工具箱按钮 ，出现下图：

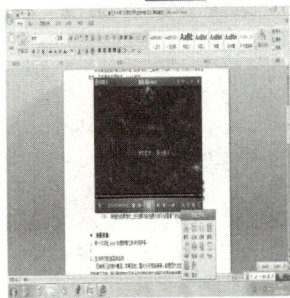

图 4-3-2

点击影音工具箱中的【截图】按钮，可截取视频中对应的图片，视频左上角会显示照片保存的位置。

图 4-3-3

QQ 影音截取功能

有时，从网上下载的视频过长，而我们只需用其中的一部分，这时，我们就需要用到截取功能。QQ 影音怎么截取视频片段？

首先，使用 QQ 影音打开视频文件，点击影音工具箱中的【截取】功能，弹出"截取编辑栏"，如图 4-3-4 所示。

图 4-3-4

"截取编辑栏"中包含"保存""预览""截取起点""截取终点""微调"等功能。截取视频时，可先调节"截取起点＼终点的时间轴"，再进行"微调"同时进行"预览"，最后点击【保存】，弹出保存对话框，如图 4-3-5 所示。

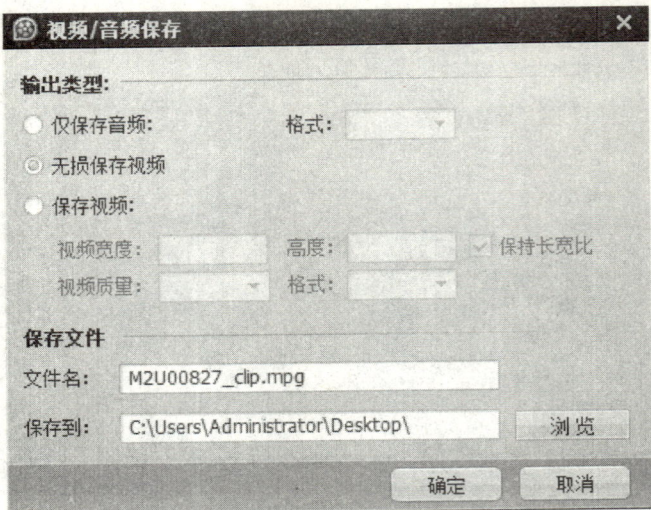

图 4-3-5

可以选择保存文件的格式和保存质量，修改文件名（默认文件名为"原文件名_clip"）和保存路径等。最后点击【确定】按钮即可。

QQ 影音连拍功能

QQ 影音自带的剧情连拍功能可以将影片截取为多张图片的缩略图，帮助我们迅速对剧情和剧中人有个大概的了解。将"剧情连拍"截取的连图，发到网上能让没看过或者将要看的朋友看，能知晓获取的视频的大概，起到看视频之前的预览作用，很实用。有时，我们需要利用视频进行定量研究，比如测量出租车的车速，测量自由落体运动的加速度等。此时，QQ 影音自带的"连拍"功能就发挥作用了。

首先，通过自拍或网上下载一个研究对象运动的视频，要求视频中有已知长度的物体作为参照物，然后通过 QQ 影音打开视频。点击影音工具箱 中的【连拍】按钮，弹出连拍对话框，如图 4-3-6 所示。

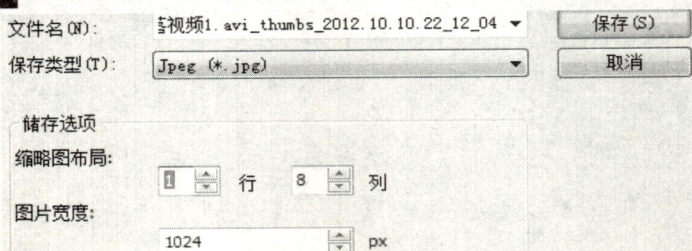

图 4-3-6

通过该对话框可修改文件名和保存类型，可自设参数（默认参数"缩略图布局"为4行4列，为研究方便，可将该参数设为1行8列或其它），按一定时间间隔截取一系列图片。比如，如果视频长度为1秒，缩略图布局设为1行4列，则两张图片之间的时间间隔约为0.25秒。如图4-3-7所示。

图 4-3-7

探究出租车的运动速率

拍摄一段出租车行驶的视频，利用QQ影音截取几个画面，同时记录下画面所对应的时刻，将画面拼成一幅图，如图4-3-8所示：

图 4-3-8　行驶的出租车

将图 4-3-8 直接粘贴到"几何画板"中，并在画板中分别描出车前轮中心的各个位置以及车身的线段。由于需要测量的只是各个点的水平距离，所以考虑建立坐标轴，度量两点间横坐标的差。除以该两点间对应的时间段，即可得到这两点间的平均速度大小。将各个速率相加取平均值可以从一定程度上减小误差。如图 4-3-9 所示：

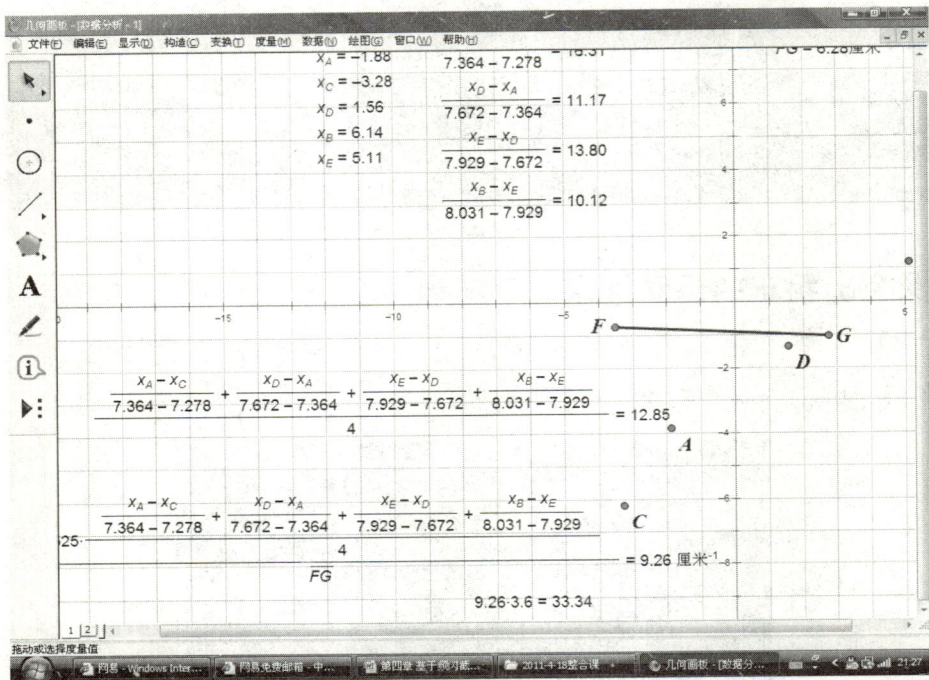

图 4-3-9　用几何画板计算出租车的速度

首先从图 4-3-9 中测得屏幕车长。然后上网搜索该车的具体型号和实际车长，得知该型号车的车长为 4.525 米。代入公式，即可算出出租车行驶的平均速率。

四、Scratch 程序设计与简单体感游戏制作

科学探索出现了计算形态，科学家和工程师的工作离不开计算机。在大数据时代，人们的生活与生产离不开信息技术，数据探究成为21世纪人类基本的科学素养。数据探究的主要工具是离不开软件与编程，因此编程的意识与基本技能已经成为公民的一种基本科学信息素养。编程的语言种类很多，Scratch 是一款面向最初接触程序设计的人们开发的免费编程语言。Scratch 采取积木组合式编程，用拖曳和组合的方式取代了传统的打字输入，免除输入错误的困扰。此外，可视化的程序语言，实现了所见即所得，不像一些程序语言需要经过复杂的编译过程才能看到结果。想象、编程、分享，因此，Scratch 使得程序设计简单而有趣了。他涉及了计算机科学、工程、语言艺术、数学、音乐、科学、社会课程、教师教育、技术、视觉艺术等学科领域。

Scratch 简介

Scratch 是由美国麻省理工学院的媒体实验室（MIT Media Lab）设计开发的一款面向儿童的简易编程语言，是完全免费的一款软件。适合于面向青少年的程序设计教学和最初接触程序设计的人们。最初发布于 2007 年 5 月，支持开发电脑游戏、互动故事、图形艺术作品、电脑动画等多媒体作品。随后，从幼儿园到成人以及专业的学者都有运用 Scratch 的。

Scratch 带给我们些什么

"终身幼儿园组"的专家认为 Scratch 适合于培养孩子 21 世纪应该具备的学习技能，主要包括 3 个关键领域的 9 种类型的能力培养。

领域一：信息处理和沟通的技能

1. 信息和媒体素养技能。通过建立 Scratch 项目，学生能够学习选择、创造、管理多种格式的媒体，包括文本、图片、动画以及视音频资料。学生获得了创作媒体的经验，他们通过分析在他们周围的各种信息，提高了洞察力和甄别力。

2．沟通技巧。当今社会对高效率沟通技巧的要求已经超过了对读写能力的要求。Scratch 在使用中要求学生必须能够挑选、处理、集成大量的信息资料，来表达他们的创作意图。

领域二：思考和问题解决的技能

3．批判性思维和系统思维。当学生在学习 Scratch 的过程当中，能够处于一种批判性思维和系统思考的状态中，为了完成项目，学生必须注意协调和控制程序当中的各种造型的相互作用，程序的交互作用能够给学生建立程序基本原理的直接体验。

4．问题的识别、提出及解决。Scratch 用一种非常有意义的设计理念去支持问题的发现和解决。创建一个 Scratch 项目要求首先有一个初步的设想，然后如何通过 Scratch 的模块一步一步地去实现。Scratch 被设计得容易修改，能够动态地改变每片代码，然后立即看到结果。通过这个过程，能够让学生在不断地提出、解决问题的交互试验过程中获得收获。

5．创造力和求知欲。Scratch 鼓励创造性思维，在今天这个快速变化的时代，创造性思维越来越重要。Scratch 要求学生不断地寻找新方法去处理新问题，而不是仅仅教给他们如何解决既定的问题，不断地通过提高解决问题的能力来处理他们未来人生当中不断遇到的新问题。

领域三：人际关系和自我导向的技能

6．人际关系和协作技能。因为 Scratch 程序是搭积木方式，所以程序的代码更容易阅读，也比其它程序更容易分享。可视化的对象和模块代码支持合作，确保学生能够一同建设项目和交换代码。

7．自我导向能力。提出一个创作构想，然后一步一步地用程序实现，需要毅力和练习。当学生在实现一个创作构思的过程中他们找到了个人的意义，他们的自我创作意图使他们能够应对编程过程当中的挑战和困难。

8．责任心和适应能力。当学生创建 Scratch 工作项目的时候，要在脑海中有一个虚拟的使用人，要去考虑别人与他们的作品如何反应和互动，因为 Scratch 非常容易修改，所以学生能够根据其它人的意见及时修改他们的作品。

9. 社会责任感。因为 Scratch 程序非常容易共享，学生们可以在交互的环境里讨论各种重要的议题，建立互联网上的 Scratch 社区。

Scratch 编程环境与界面

1. 在线 Scratch 编程

Scratch 最早进入中国的版本是 1.4，是需要下载安装的。到了 2012 年，Scratch 2.0 版推出后，有了在线版。在线版允许您直接在 Web 浏览器里创建、编辑和查看项目（不再需要上传、下载项目或者安装其它软件）。

打开浏览器，输入网址：https://scratch.mit.edu/，进入网站主页，如图 4-4-1。

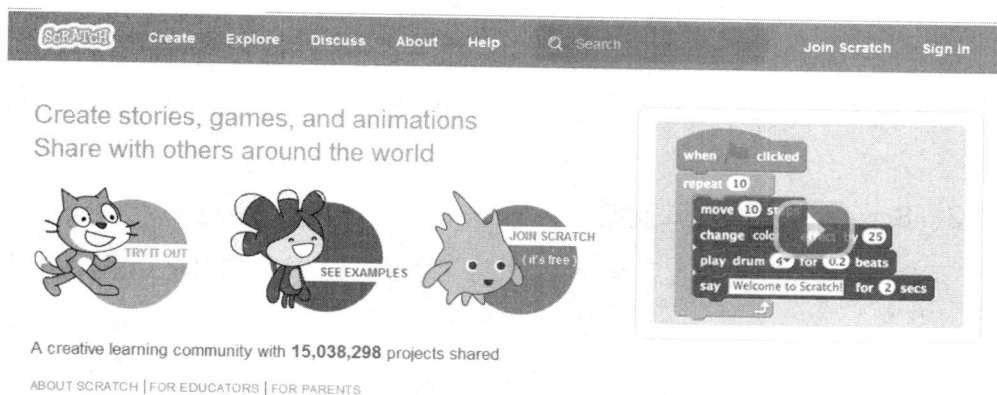

图 4-4-1　Scratch 官网主页（英文版）

在主页最下方，有如图 4-4-2 所示的语言选择框，单击向下的黑色小三角，拖到最下方，就可以看到简体中文的字样了。这样网站就变成中文的了。

图 4-4-2　语言选择框

图 4-4-3 Scratch 官网主页（中文版）

Scratch2.0 的在线编程环境能够很好地体现基于云端的编程与共享理念，但在国内使用时，常常会由于网络环境的原因连接不畅，因此在 2013 年 9 月，发布 Scratch 2.0 的离线版。

由于 Scratch 是一个开源共享的软件，能够很好地兼容很多厂家的外接传感器版，因此有了很多的 Scratch 版本。但基于的内核都是一样的。

2．Scratch 的下载与安装

下载：点击官网主页下部的"支持"中的"离线编辑器"（图 4-4-4）。

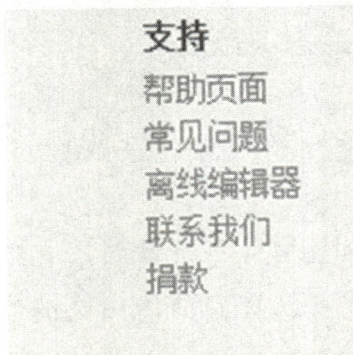

图 4-4-4 离线编辑器

在"Scratch 2 Offline Editor"页面中有 3 个下载提示，1 是 Adobe AIR 安装提示，2 是 Scratch2.0 下载提示，3 是辅助支持材料下载提示。对于普通 PC 机来说，下载 Windows 版本即可，如图 4-4-5 Scratch2.0 离线版下载页面。

图 4-4-5 Scratch2.0 离线版下载页面

安装：先安装 Adobe AIR，再安装 Scratch2.0 即可。

3. 启动

双击桌面的 Scratch 2 图标，即可启动 Scratch2。第一次启动后的界面是英文界面，如图 4-4-6。

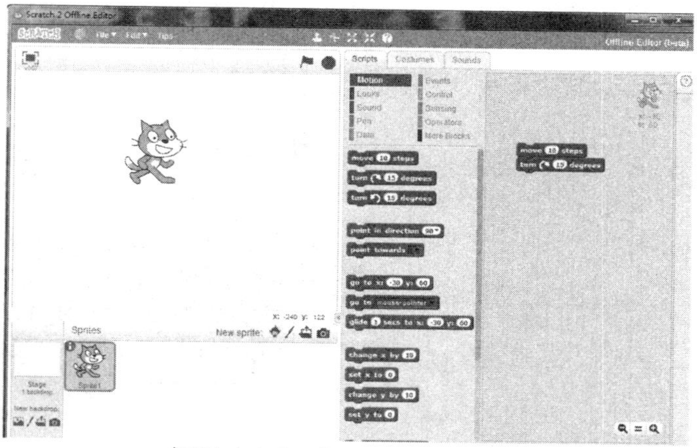

如图 4-4-6 Scratch 2.0 界面

当鼠标单击左上角地球图标时，会弹出如图 4-4-7 的语言选择框。

选择简体中文，即可得到 Scratch2.0 的中文版界面，如图 4-4-8 所示。

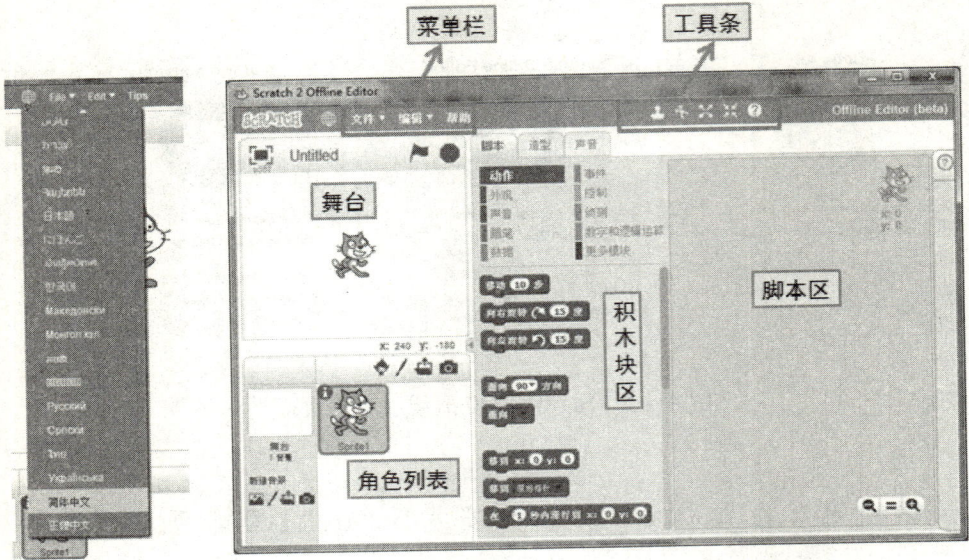

图 4-4-7　　　　　图 4-4-8　Scratch2.0 的中文版界面

4．界面组成

从图中可以看出，Scratch2.0 界面由 4 大部分组成。分别是舞台、角色列表、积木块区和脚本区。

舞台区域组成如图 4-4-9。

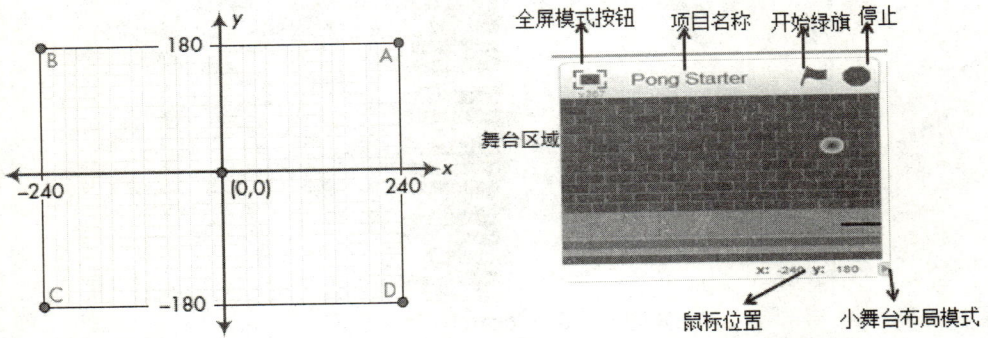

图 4-4-9　舞台区域的组成

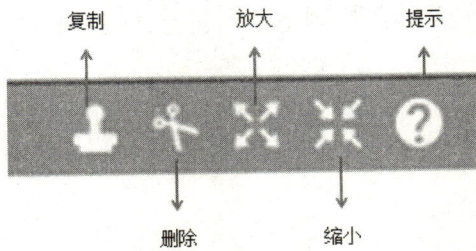

图 4-4-10　鼠标工具条

造型编辑面板如图 4-4-11。

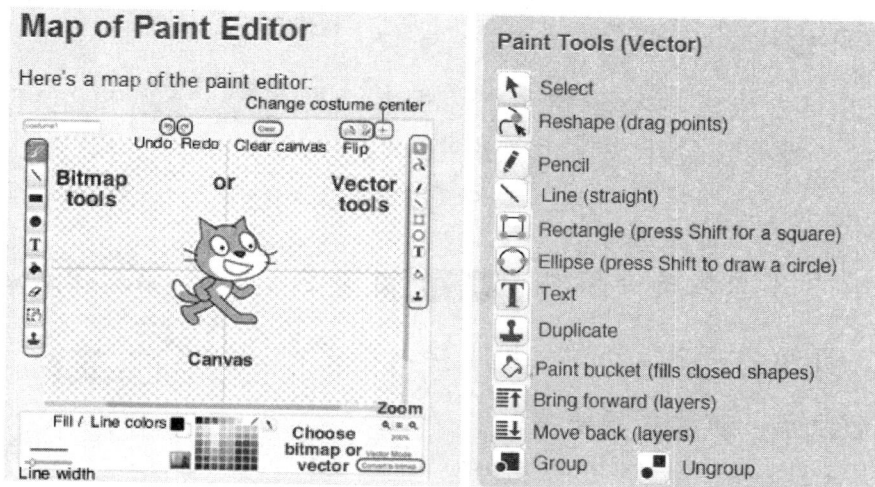

图 4-4-11 造型编辑面板

制作我的第一个 Scratch 项目

Scratch 的项目制作特别简单，一般包括以下四步，其中第二步是花时间最多的，最需要你设计，最能发挥你的想象力的部分。

图 4-4-12

第一步：新建项目，启动 Scratch 后会自动新建项目，或者单击文件菜单，选择"新建"命令即可。

第二步：根据你的设计，选择角色，编辑脚本。

第三步：测试与修改脚本。

第四步：保存与共享你的项目。

下面和我一起来制作一个最简单的 Scratch 项目。

它一共 13 个步骤，分别是：1 开始移动、2 添加声音、3 开始跳舞、4 一遍一遍（重复）、5 说……、6 绿旗、7 改变颜色、8 按键、9 添加背景、

10 添加角色、11 探索。

1．开始移动：

单击积木块区的动作类 █动作 积木，把 移动 10 步 拖入脚本区，这样可以使舞台区的小猫向右前进 10 步。

2．添加声音：

单击积木块区的声音类 声音 积木，把 弹奏鼓声 1▼ 0.25 拍 拖入脚本区，并和前一个运动积木块卡接上，变成 移动 10 步 / 弹奏鼓声 1▼ 0.25 拍 ，单击拼接好的积木块，察看效果听声音。

3．开始舞蹈

继续拖入移动积木并增加负号 移动 -10 步 ，再增加一个声音中弹奏鼓声的积木，点击向下的三角得到乐器选择的列表，选择 4（如下方左图），得到这样的积木 弹奏鼓声 4▼ 0.25 拍 ，拼接成下方右图的积木块，单击积木运行它，看一看效果。

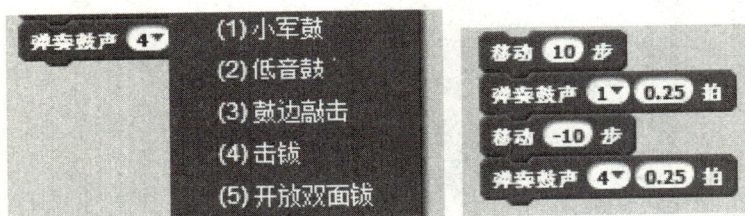

弹奏鼓声 4▼
(1) 小军鼓
(2) 低音鼓
(3) 鼓边敲击
(4) 击镲
(5) 开放双面镲

移动 10 步
弹奏鼓声 1▼ 0.25 拍
移动 -10 步
弹奏鼓声 4▼ 0.25 拍

4．一遍又一遍（重复）

从控制积木区域中拖出 重复执行 10 次 重复块，让它像嘴一样，把前面的积木堆包含住（如右图），然后运行这个积木堆。

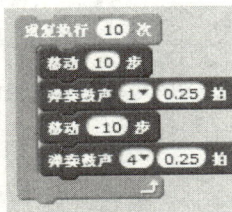

重复执行 10 次
移动 10 步
弹奏鼓声 1▼ 0.25 拍
移动 -10 步
弹奏鼓声 4▼ 0.25 拍

5．说……

单击外观 外观 ，拖出说…… 说 Hello! 2 秒 ，修改要说的内容为 说 Watch me dance 2 秒 ，然后把它放在积木堆的最上面。

说 Watch me dance 2 秒
重复执行 10 次
移动 10 步
弹奏鼓声 1▼ 0.25 拍
移动 -10 步
弹奏鼓声 4▼ 0.25 拍

6．绿旗

单击事件，拖出 ，并把它卡接到脚本的最上部，这时当舞台上部（如右图所示）， 绿旗被点击时，脚本被报行，需要停止时点击红灯 即可。

7．改变颜色

当想得到一些与众不同的效果时，可以尝试拖出改变效果的积木块 ，点击看看会发生什么变化。

8．按键

从事件区中，拖出 ，并且和改变效果积木块连接起来，此时你可以按下空格键看一下特效的变化。

 用鼠标单击向下的三角形时，你还可以选择键盘上其它的按键，如右图。

9．添加背景

你可以在舞台上添加一个背景幕，点击新建背景里按钮 里的第一个"从背景库中选择背景"，即可打开背景选择对话窗口，选择一个你想要的背景。

10．添加角色

舞台中的每一个对象都叫做一个角色，需要增加多个角色时，可以单击新建角色按钮中的其中一个 。

：从角色库中选取角色。

：自己绘制新的角色

：从电脑中上传自己的图片成为新的角色

：利用数码相机拍摄一个新的角色

这里是采用从角色库中调用即可。

11．探索：添加声音与制作动画

添加声音：

选择"声音"选项卡，你可以

🔊 从声音库中选择一个声音

🎤 自己录制一个声音

📤 导入一个声音文件

进入脚本选项卡，选择声音块中的 播放声音 喵 ，单击向下的三角形，你就可以播放声音了。

设置动画：

选择"造型"选项卡，你可以看到角色的不同造型，可以在 2 个造型之间进行切换。

此时，进入脚本选项卡，制作造型之间切换的脚本。

至此，你的第一个 Scratch 项目就制作完成了。怎么样？很有成就感吧。

Scratch 2.0 的积木块功能介绍

Scratch 2.0 有 10 类功能积木块，下面做个分类的基本介绍。

模块	图标	指令说明
动作	移动 10 步 向右旋转 ↻ 15 度 向左旋转 ↺ 15 度	相对移动和转向指令。 移动 10 步。步数可以修改。负数，其它数或数学表达式均可。 右、左转 15 度。角度可以修改。负数，其它数或数学表达式均可。
动作	面向 90▼ 方向 (90)向右 (-90)向左 (0)向上 (180)下移 面向 鼠标指针 0 (360) 315 (-45) 45 (-315) 270 (-90) 90 (-270) 225 (-135) 135 (-225) 180 (-180)	面向绝对方向。 面向 90 度或其它方向。方向可以输入任意数值或表达式。 这类输入可以是选择列表中的项，也可以是具体的值。 面向鼠标指针或其它角色。

动作	绝对移动 移动到指定的坐标位置上，坐标位置可以是具体的数值或表达式。
动作	绝对移动中，用于调整角色的坐标位置。 一个是增加坐标值，一个是设定坐标值。
动作	角色碰到边缘时的检测与动作。 两者互相配合使用，可以左右翻转、旋转，任意动作的效果。
动作	在动作模块中，可以获得角色的X、Y坐标与方向值，并在需要的地方使用它们。
外观	用于在舞台上显示角色说的文字与思考的问题，有2秒的积木，在文字显示2秒后自动消失。后者则在下一个同样语句块出现后才自动消失，否则会长时间在屏幕上。
外观	用于在舞台上显示或隐藏角色。
外观	切换角色的造型和背景。

外观	将 蓝色 ▾ 特效增加 25 颜色 超广角镜头 旋转 像素化 马赛克 亮度 虚像 将 蓝色 ▾ 特效增加 25 将 蓝色 ▾ 特效设定为 0 清除所有图形特效	角色特效设定与消除。 共有颜色、超广角镜头、旋转、像素化、马赛克、亮度、虚像共 7 种特效。
外观	将角色的大小增加 10 将角色的大小设定为 100	角色大小的设定，这里的数值是百分比。大小可以是 1 — 600%
外观	移至最上层 下移 1 层	设置角色之间层的关系。
外观	☐ 造型 # ☐ 背景名称 ☐ 大小	在外观模块中，可以获得角色的造型编号，背景名称及大小等属性值，可在需要的地方使用它们。
声音	播放声音 唔 ▾ 播放声音 唔 ▾ 直到播放完毕 停止所有声音	用于设置声音的播放及停止。通过点击向下的三角，实现播放声音的选择。
声音	弹奏敲声 1 ▾ 0.25 拍 (1) 小军鼓 (2) 低音鼓 (3) 鼓边敲击 (4) 击镲 (5) 开放双面镲 (6) 闭合双面镲 (7) 铃鼓 (8) 拍掌 (9) 击钢琴 (10) 木块 (11) 牛铃 (12) 三角形 (13) 小手鼓 (14) 康加鼓 (15) 振筒 (16) 锯琴 (17) 颤击 (18) 康加鼓-开音 弹奏敲声 1 ▾ 0.25 拍 停止 0.25 拍 弹奏音符 60 ▾ 0.5 拍 设定乐器为 1 ▾	可设置弹奏的乐器与节拍。共有 18 种乐器可以选择。

声音	弹奏音符 60▾ 0.5 拍 设定乐器为 1▾		设置弹奏的音符与节拍。设置不同
声音	弹奏音符 71▾ 0.5 拍 中央C (60)		的乐器，共有21种乐器。
声音	将音量增加 -10 将音量设定为 100 ☐ 音量		设置音量值或音量的变化值。 还可以获得弹奏时的音量值，在需 要时可以应用。
声音	将节奏加快 20 将节奏设定为 60 bpm ☐ 节奏		设置节奏值或节奏的变化值。 还可以获得弹奏时的节奏值，在需 要时可以应用。
画笔	清空 图章 落笔 抬笔		图章有复制角色的功能。 落笔后可以将角色走过的痕迹留下 来，可以实现程序绘画。 抬笔时，角色不会留下痕迹。 清空则可以清除所有屏幕上的图章 及绘图的内容。
画笔	将画笔的颜色设定为 ☐ 将画笔的颜色值增加 10 将画笔的颜色设定为 0		设置角色落笔后的颜色。 第一种方式通过具体颜色来设定； 第二种是增加颜色的数值； 第三种是通过数值来设置颜色。0 是红色，100是蓝色。数值范围是0－ 200的色环。
画笔	将画笔的色度增加 10 将画笔的色度设定为 50 0 50 100		设置画笔的色度，色度值范围是0－ 100，具体色度如图所示，默认值 是50。
画笔	将画笔的大小增加 1 将画笔的大小设定为 1		设置画笔的大小，大小范围为1－ 200。

数据			用于新建变量，确定变量应用的范围。 设定变量的值，变化值，显示与隐藏变量的操作。 变量：是内在中的一段地址，以变量名命名，改变并引用。 变量定义后，可以有正常显示，大屏显示，滑杆变量等形式。 滑杆变量可以设定最大值、最小值。
数据			用于新建链表。 链表是一个连续的存储空间。存放以同一名称命名的，相关的一组数据。 链表有长度，链表数据有顺序。 可以把新的内容插入到链表中任意位置，删除任意项或全部项。 可以判断某一内容是否在链表中。 显示及隐藏链表。
事件			Scratch 2.0程序是由事件驱动的，需要人为的事件有：当绿旗被点击，当按下"空格键"等键盘上的42个键，当角色被点击时，都可以产生驱动程序的事件。
事件			这一类事件是根据程序进行过程中，背景变化，外境的声音、计时器的时间、摄像头的视频移动变化来发生的，可以实现程序的自动控制。
事件			当启用广播"开始"指令时，可以有当接到"开始"指令的事件产生，广播与接受广播指令构成了Scratch程序控制的另一种方式。

控制		等待 1 秒，停止程序，是程序控制最基本的功能指令。 重复有限次数和不停地重复是程序控制中常见的指令。
控制		条件判断指令 条件表达式的值为真时，执行"那么"后的指令。 条件表达式
控制		可以通过克隆，生成角色的副本即克隆体。克隆体生成后，可以有当作为克隆体启动时的事件产生，可以用来指挥克隆体的动作。 同时，还有删除本克隆体的指令。
侦测		可以侦测角色是否碰到……，鼠标指针，边缘，其它角色；碰到…颜色，颜色碰到其它颜色，实现程序过程中的碰撞检测。 还可以侦测到鼠标指针或其它角色之间的距离。
侦测		通过询问与回答，可以实现程序过程中的人机交互。回答可以在程序中被引用。
侦测		可以侦测到键盘上的"空格键，……"是否被按下。
侦测		可以侦测到鼠标是否被单击，侦测鼠标的X、Y坐标以及被播放声音的响度值。

侦测		这里有开启、关闭以及开启摄像头模式的指令。 设置视频透明度的指令。 能够侦测视频动作或方向在角色或舞台的情况，实现视频交互效果。
侦测		显示系统时钟的功能（时钟自Scratch2.0启动时就开始工作），计时器归零的指令。
侦测		可以侦测到所有角色X、Y坐标，方向，造型编号，造型名称，角色大小及音量。
侦测		可以侦测到电脑的系统时钟，并以年、月、日期、星期、小时、分、秒的形式表示出来。
数字与逻辑运算		可以进行加、减、乘、除运算。
数字与逻辑运算		可以获得2个数之间的随机数。 如果2个数都是整数，随机数也是整数，如果有1个或2个数都是小数，那么可以得到随机整数。
数字与逻辑运算		条件判断与逻辑判断，其结果均为布尔型。
数字与逻辑运算		字符的运算函数。 连接函数，取字符函数，求字符串长度函数。

数字与逻辑运算	除以 ○ 的余数 将 ○ 四舍五入 平方根 ▼ 9	求余函数； 四舍五入； 10 种数学函数。
更多模块	四边形	这里提供了外接各类传感器的接口或自定义功能块的接口。 图中以自定义画四边形的功能块为例，展示这该块的定义与应用方式。

Scratch 编程实例

行走的男孩（简单动画）

大家都喜欢看动画片吧，制作动画在别的软件里都比较困难，但在 Scratch 中却较为容易实现，在这个例子里，我们就让小男孩在屏幕上动起来吧，让他们更为有趣与生动。

1. 新建 Scratch 项目，删除小猫角色。

2. 导入一张自己喜欢的背景图。

图 4-4-13

3. 角色导入

第一步，选择从角色库导入角色，从"人类"类别中选择 Boy3 Walking。

图 4-4-14

第二步，查看造型，可以看到这个行走的男孩有 a，b，c，d，e 共 5 个造型。

图 4-4-15

4. 程序设计

男孩的每个造型移动 3 步，等待 0.2 秒再换下一个造型。当男孩碰到边缘时返回。再限制男孩只允许左右翻转，如图 4-4-16 所示。

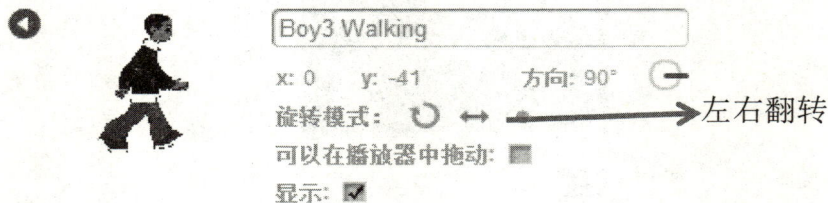

图 4-4-16

172

图 4-4-17

学生任务：绘制一个新角色，利用绘画工具增加造型，继续编辑设计你的动画故事吧。

Scratch 绘画

编程序，让角色绘画，听起来很酷吧，这也是 Scratch 很棒的地方。

1. 画线

第一步：先调整好角色小猫的大小及位置。

第二步：按下绿旗开始动作。

第三步：给角色一个固定的坐标位（x 为 0，y 为 0）。

第四步：从画笔程序块里选择"落笔"命令，拖拽至脚本区。

第五步：让小猫移动 50 步。

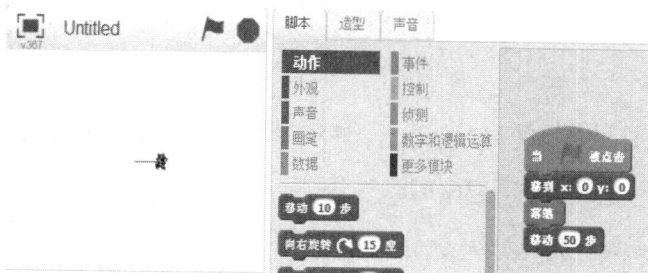

图 4-4-18

2. 画正方形

指挥小猫移动 50 步；右转 90 度；移动 50 步；

右转 90 度，移动 50 步；右转 90 度；移动 50 步；

右转 90 度，看看是什么图形呢？

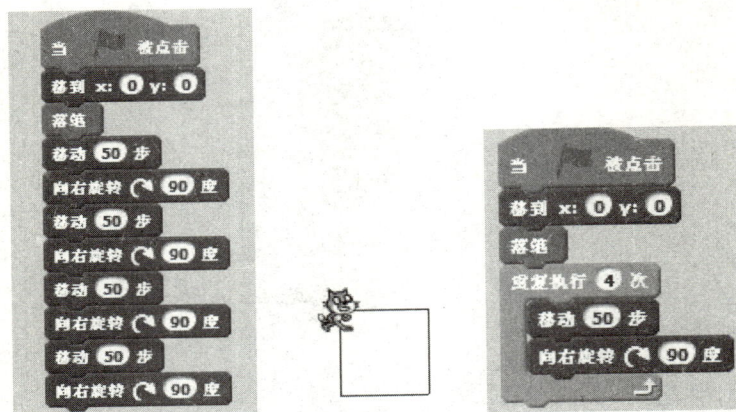

图 4-4-19

3．画正多边形

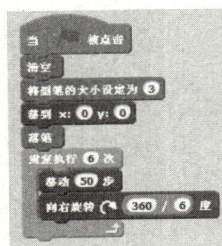  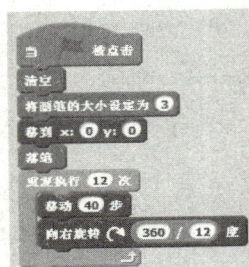 

正六边形　　　　　　正十二边形

图 4-4-20　　　　　　图 4-4-21

　　在小猫画图的过程中，请仔细观察，会发现，从起始位置到结束位置，小猫自己正好转了 360 度。因此，有了这样的一个程序：重复边数［移动边长旋转 360／边数］

　　4．画任意正 n 边形：

　　第一步：完成正八边形的程序，找出需要设定的变量。

　　第二步：打开程序指令分类中的"数据"，新建一个变量，输入变量的名称。

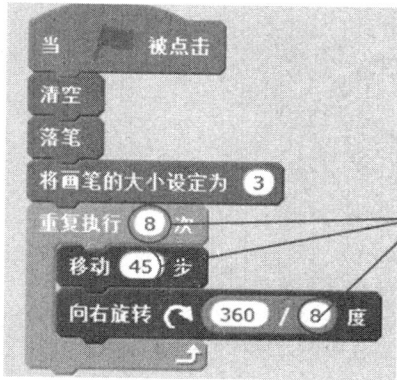

图 4-4-22

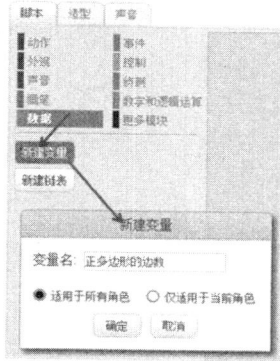

图 4-4-23

第三步：在程序中加入变量。

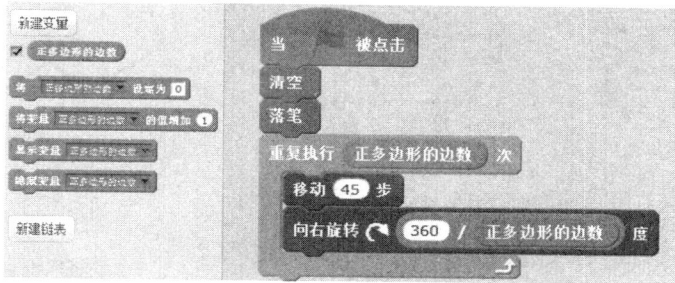

图 4-4-24

第四步：在舞台上将变量设置为滑杆，在滑杆上单击右键，选中设置滑标下的最小值与最大值进行设定（默认是 0 － 100），方便更改变量的值。

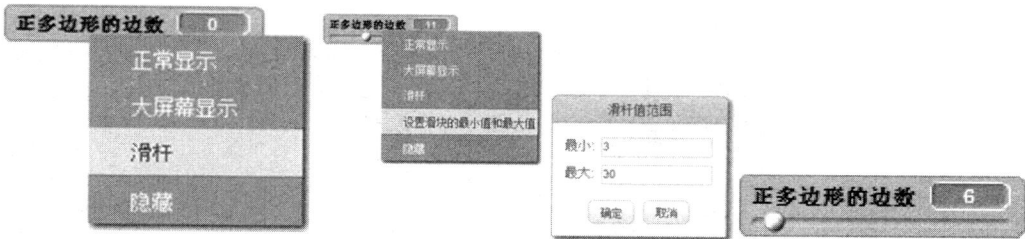

图 4-4-25

第五步：通过改变滑杆改变变量的值，让角色画出不同边数的正多边数。就得到了这样的图形，正 3、5、7、9、11……边形。

图 4-4-26

5. 图形的变化 1（重复命令的嵌套）

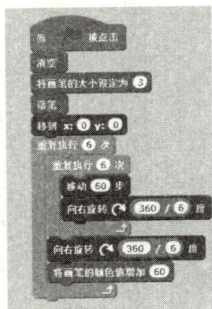

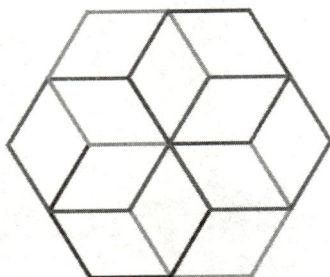

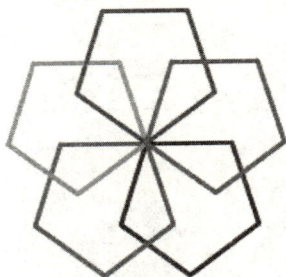

图 4-4-27

6. 画个大风车（新建功能块的应用）

第一步：新建变量"边数"与"半径"，并将其设定为滑杆变量，设置好它们的最小值与最大值。

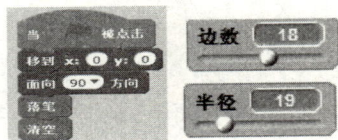

设置好绘画的初始值。

第二步：打开程序指令分类中的"更多模块"的新建功能块，新建一个画四分之一圆的功能块。

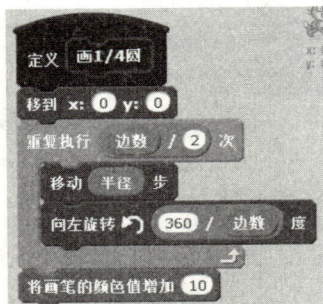

图 4-4-28

第三步：新建画一圈花的新功能模块。

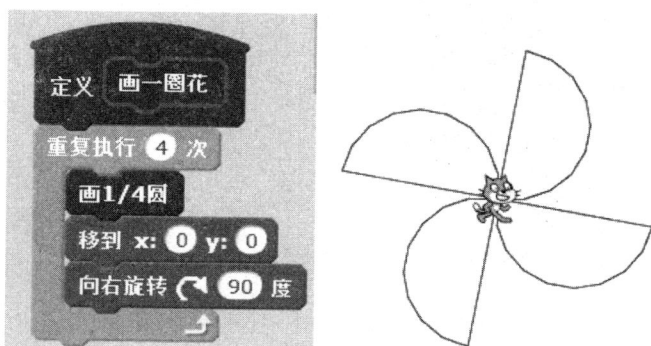

图 4-4-29

第四步：设定起始半径和半径的增加值，画 6 圈花瓣。

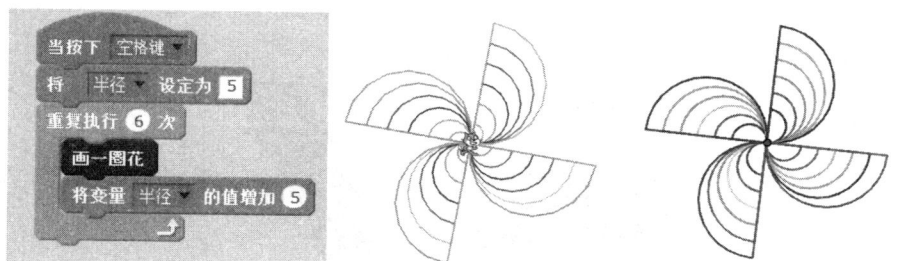

图 4-4-30

7．小画笔

第一步：绘制一支笔，设置好旋转中心。

打开绘制角色工具，利用直线工具画一支笔出来，并且涂上颜色。

选择"设置造型中心"，利用鼠标，将角色的旋转中心修改到笔尖的位置。

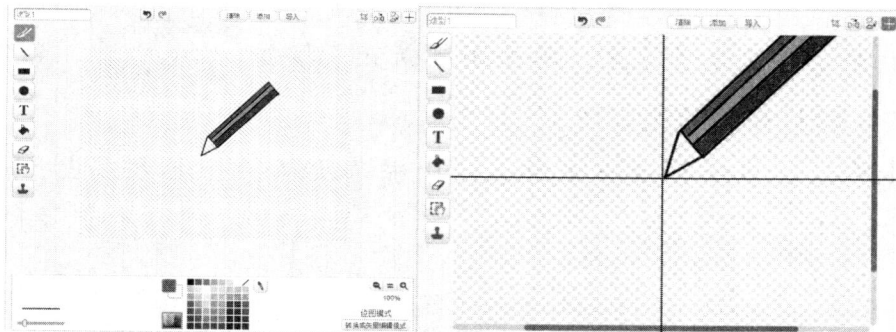

图 4-4-31

第二步：将角色通过程序设定为画笔。随意地用自己设计的画笔绘画吧。

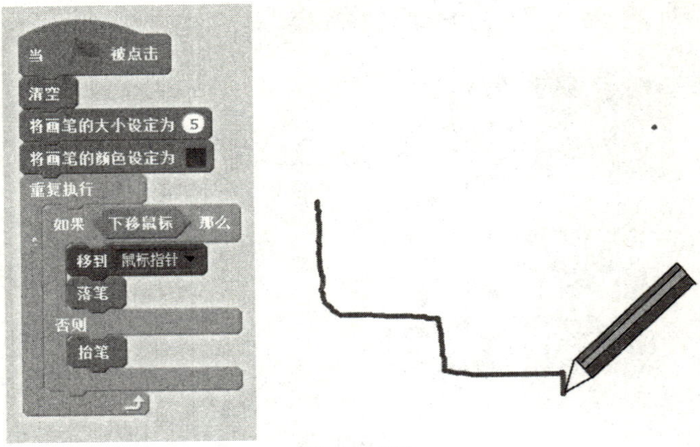

图 4-4-32

Scratch 游戏制作

1. 迷宫游戏。

图 4-4-33

迷路的小猫能否顺利找到出口，到达红色安全区域呢？这就是最简单的迷宫了，你想怎么让小猫走出迷宫呢？

方案一，鼠标指引

步骤一：在背景位置，单击绘制新背景按钮  ，利用"画笔"工具绘制如下的迷宫图。

步骤二：当绿旗被点击时，让小猫每次从同一地方出发。跟着鼠标的方向前进。

图 4-4-34

步骤三：当小猫碰到了迷宫外的白色区域时，需要回到起点重新出发，此时，我们需要用到碰撞检测和条件判断。

步骤四：当小猫顺利到达红色目的区域时，会显示你赢了，并停止全部程序。

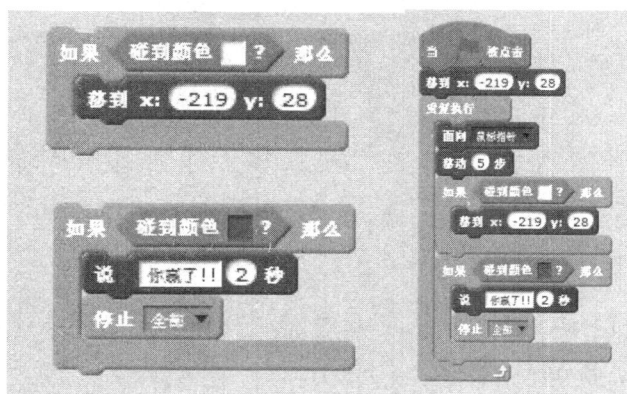

图 4-4-35

方案二：键盘指引

步骤一：用当按下……键的事件 ，控制小猫行走的方向，其它方面与鼠标控制是一样的。

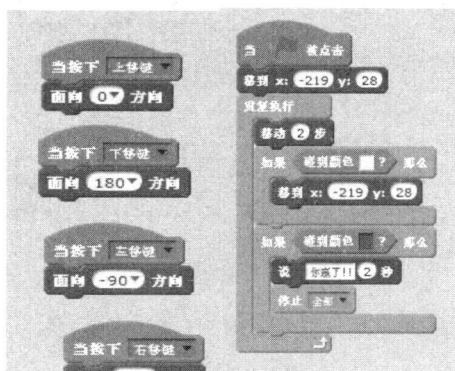

图 4-4-36

2. 弹球游戏

游戏功能：当单击绿旗时，一只小球开始在舞台上从固定位置，按随机的方向移动，当碰到上左右边缘时，被反弹回来，当碰到随鼠标移动的挡板时，也会被反弹上去，当碰到场地下部的红颜色时，会停止运动，游戏结束。

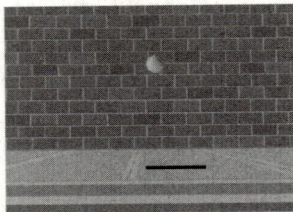

图 4-4-37

组成分析：

舞台上共有游戏背景1个，特别加上了标志弹球落地的红色，小球1个，黑色挡板1块。

动作分析：

（1）游戏的初始化：当绿旗被点击时，小球从一个固定的位置，按一定的方向移动10步。

（2）游戏的过程中：小球的移动要持续不断，因此要用到重复命令块 [重复执行] 。

（3）挡板则随着鼠标的移动在舞台的水平方向移动，因此通过侦测我们可以得到 [鼠标的x坐标] 。而用命令块 [将x坐标设定为 鼠标的x坐标] ，同样通过重复命令，则可以实现让挡板始终跟着鼠标移动。

交互动作分析：

（1）小球碰到边缘时，要反弹回去，用到 [碰到边缘就反弹] 命令块，将它加入到重复命令块中即可。

（2）小球碰到挡板时，要用到碰撞检测 [碰到 ▼ ?] 中的碰到对象，选择碰到挡板， [碰到 Paddle ▼ ?] ，并和条件判断命令 [如果 那么] 组合起来，完成

碰撞检测 。而反弹则是通过旋转角度和移动来完成的。

（3）小球碰到背景底部的红色时，要用到碰撞检测 中的碰到颜色，用鼠标点中颜色位置后，移动背景底部的红色区域时点击鼠标，背景底部的红色被取为碰到颜色中的对比色了，还是需要用到条件判断来完成，当碰到红色时用 来结束游戏。

制作步骤

第一步：导入砖背景，点击 背景选项卡，选择矩形工具，选择红颜色，在背景底部画一条红色矩形。

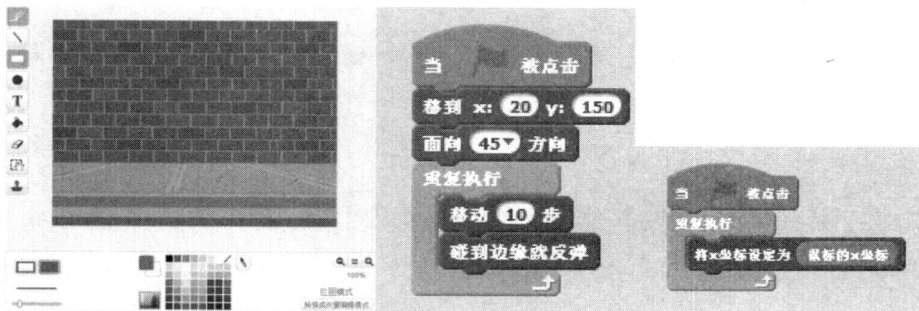

图 4-4-38

第二步：从角色库里导入小球，设计其初始位置并让它动起来。一试就会发现，要让它不停地动起来，需要用到重复命令，要让它不出去，就得碰到边缘就反弹。

第三步：采用绘制新角色的方式，画出一块黑色挡板。利用侦测模块获得鼠标的 X 坐标，并把挡板的 X 坐标设定为 。再加上重复命令，从而使得挡板跟着鼠标移动。

第四步：交互动作检测及响应动作的设计。

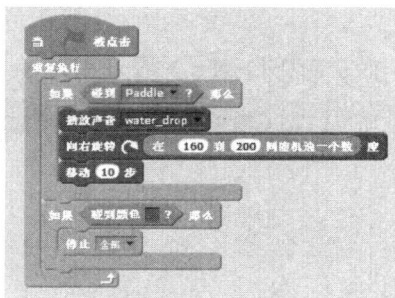

图 4-4-39

效果测试

根据整体设计，自顶向下，逐步细化的思路，应在步骤二、三、四每步完成后进行游戏功能的试运行，从而及时发现问题实时纠错。

3. Scratch 的键盘钢琴。

基本功能：当按下数字 1、2、3、4、5、6、7 时，程序会响起相应的音符声音，角色会做造型切换。

高级功能：音符记录与回放，利用链表、指针变量等指令实现在弹奏过程中记录音符，点击小猫角色时，会回放刚才弹奏过的音符。

制作步骤

第一步：设计架子鼓弹奏舞台上的画面，导入并修改 7 个音符角色。

导入架子鼓，用文本工具写上数字 1，在造型上单击右键，选择复制，得到造型 2，利用为形状填色的功能，将鼓页的外圈涂上另一种颜色，如图 4-4-40 所示，在按键弹奏时可以通过造型切换得到酷炫的效果。复制角色 1，修改数字和外圈颜色，并在舞台上摆放好秩序，得到了我们的舞台画面，如图 4-4-41。

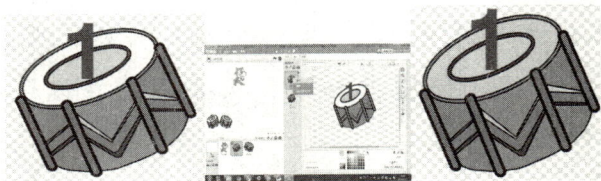

图 4-4-40

图 4-4-41

第二步：设置乐器类型变量，将其设计为滑杆变量，设定其最小值为 1，代表钢琴，最大值为 21，代表合成的声音，如图 4-4-42 所示。

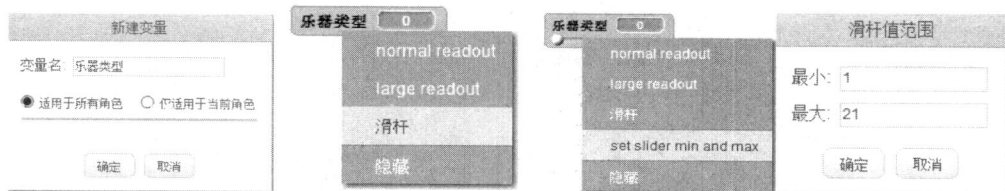

图 4-4-42

第三步：设计代码指令，使得我们在键盘上按下数字 1 键时，设定乐器为"乐器类型"的变量，将造型切换为 drum2，弹奏音符 `弹奏音符 57▼ 0.5 拍`，然后再切换造型为 drum1。

通过将程序块拖到角色上的方式，复制程序块，修改按键为数字 2，修改弹奏音符为 59 `弹奏音符 59▼ 0.5 拍`，完成角色 2 的命令块设置。同样地，完成角色 3、4、5、6、7 的指令编写。

图 4-4-43

第四步：记录弹奏的音符。

新建链表"音符"，如图 4-4-44 所示。我们在记录弹奏音符时，会用到图中所示的 2 个命令。

图 4-4-44

每个音符角色的程序块中增加，相应的记录指令将 57 加到链表 音符 ▼ 末尾 ，具体如图 4-4-45 所示。

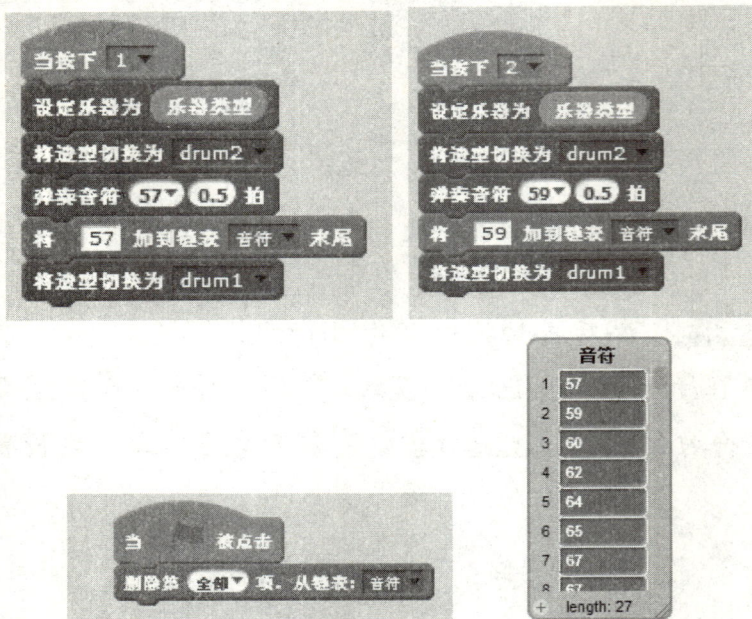

图 4-4-45

这样在弹奏的过程中，就记录下来了我们弹奏的音符，为实现自动回放做好了准备。

第五步：实现记录音符的弹奏，建立指针变量， ☑ 指针变量 。

当小猫的角色被点击时，设定乐器为"乐器类型"设定的值

设定乐器为 乐器类型 。设定"指针变量"值为1，即从头开始自动播放，

将 指针变量 ▼ 设定为 1 。利用直到循环命令， 重复执行直到 ，来控制程序自动播放"音符"列表中的所有音符，直到指针大于"音符"列表的长度，条件语句为： 指针变量 > 链表 音符 的长度 。在该循环内，可以顺序播放"音符"

列表中的所有音符。通过该命令实现： 弹奏音符 第 指针变量 项 音符 ▼ 0.5 拍

将变量 指针变量 ▼ 的值增加 1 。

将"指针变量"的值增加1，可以实现指针在"音符"列表中的移动。完成自动播放程序块如图 4-4-46 所示。

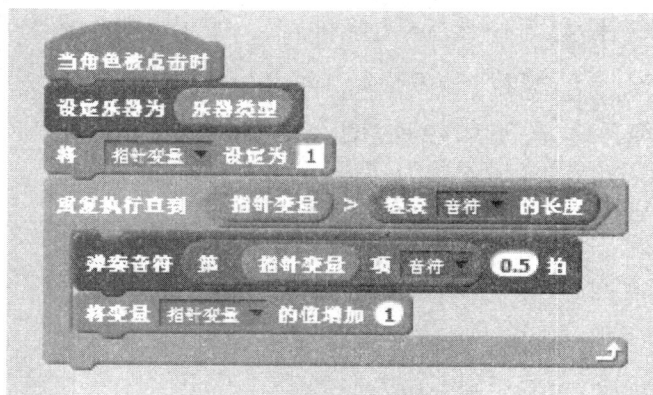

图 4-4-46

4. 视频体感游戏之泡泡龙

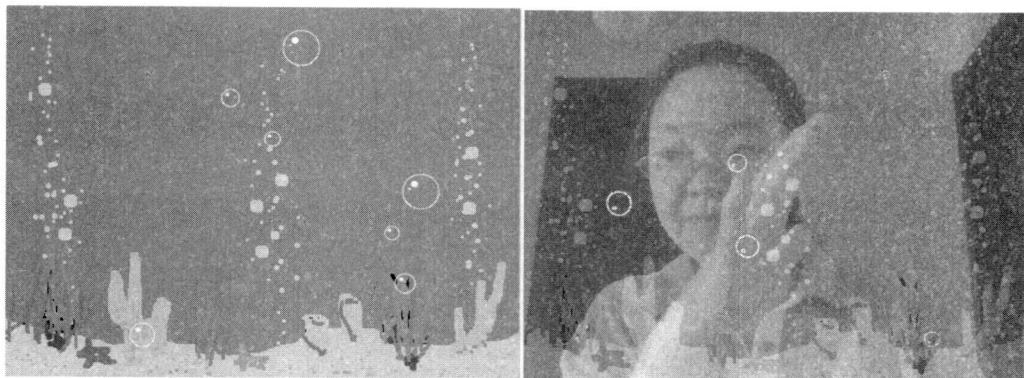

图 4-4-47

游戏功能：

看到画面中不断冒出的水泡了吗？你想，这不会是要我们自己来做的吧！好酷，但是好难哦。该游戏的功能之一就是制作出不断冒出的泡泡，大小、方向、位置都不一样哦。

当电脑有摄像头，你开启了它时，你会发现自己进入到了画面中了，当你挥手时，嗯，当你的手碰到泡泡时，泡泡发出水声，就消失了！碰到顶部边缘时，也消失了。

制作步骤：

第一步：导入舞台背景。

第二步：绘制美丽的泡泡。白色的画笔，椭圆工具，2 个圆 ，命名为 bubble。

第三步：导入水声文件，water drop。

第三步：利用重复命令和克隆自己，可以很快地生成很多 bubble 的克隆体。用等待 0.1 秒可以控制 bubble 的产生速度。使用隐藏命令是为了让泡泡的产生显得更加自然。

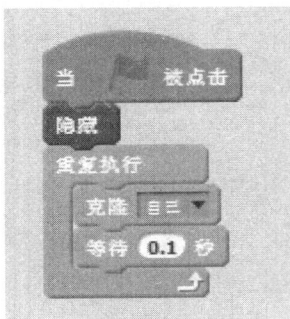

图 4-4-48

第四步：利用 这一事件和随机函数，我们可以来设计每一个泡泡的动作。

克隆的泡泡出现：

任意大小：

任意向上的方向：

任意左右的位置：

向上移动，晃一晃：

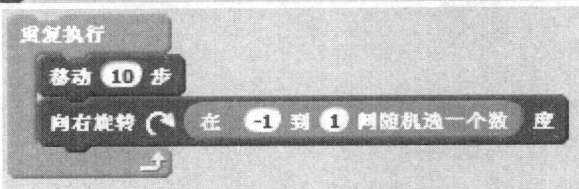

碰到上边缘时，克隆体消失业。

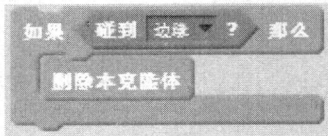

整体地，完成的程序模块如图 4-4-49 所示。

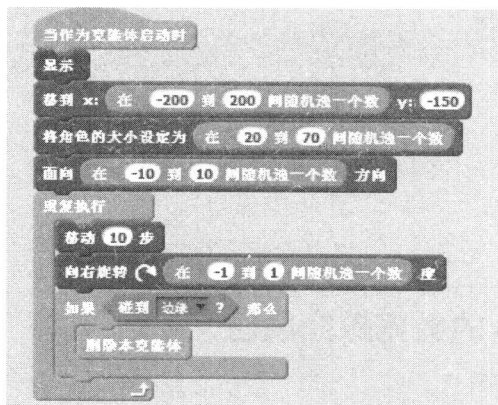

图 4-4-49

第五步：开启摄像头，制作体感互动游戏。

当点击绿旗时，我们通过侦测命令块中的 [将摄像头 开启] 命令，将摄像头开启或关闭。

通过命令 [视频侦测 动作▼ 在 角色▼ 上] 可以侦测到视频动作作用到 bubble 上的情况，通过条件表达式 [＞] 可以知道动作幅度是否超过 50%， [视频侦测 动作▼ 在 角色▼ 上 ＞ 50] 。如果超过的话，则播放水声并删除本克隆体。

图 4-4-50

知识聚焦：

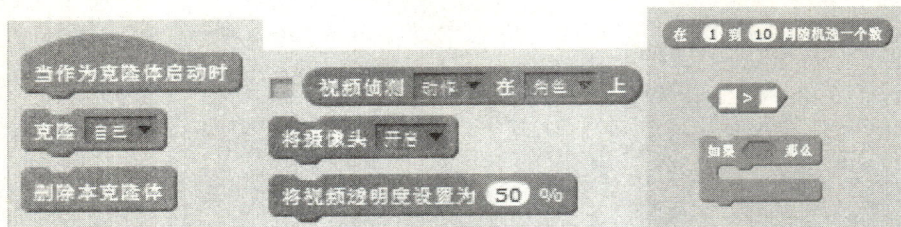

图 4-4-51

基于 Scratch 的数据探究项目
反应时间的探究

反应时间是用来衡量一个人反应快慢的。对于它的测量与研究，可以是高深的医学与心理学方面的，也可以是科学课里的内容，例如人教版高中教材中的《物理·必修一》的第 45 页就有一个"看看你反应的快慢"的实验。它的实验方法：

材料：30cm 直尺。

过程：让受试者伸出习惯用手，实验者手提 30cm 尺一端，使 0 刻度与受试者手的食指侧线上方齐平，手型呈握状，保证尺子直接下落不会打到手。突然无初速度释放尺子，受试者以最快速度握住尺子，记下受试者握住尺子后食指侧线上方对应的刻度值。

③ 实验原理：$x=\ gt\ $ （g=9.8m/s ）

其实利用我们正在学习的 Scratch 也可以很好地来探究反应时间。

实例一：测量右手食指机械连续按键的反应时间

步骤一：编写程序，设计测量反应实验装置，获取数据。

利用 Scratch 设计简单程序，测定连续按键的时间间隔。其原理为：每按下空格键（或其它键）时，计时器便记录下当时的时刻并加入到已经设定好的时间链表中，相邻两次时间数据之差即为连续按键反应时间。

具体实施过程如下：

用 Scratch 编辑的测量按键时间的小程序，如图 4-4-52 所示。

用此程序可以在按下空格键的时候记录当时的时间，如图 4-4-53

所示。

这些数据可以利用先关操作导出到 TXT 文件中，如图 4-4-54 所示。这样就得到了一组关于按键反应时间的真实数据。

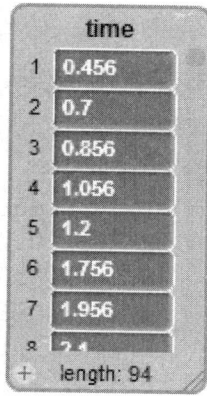

图 4-4-52　　　　　　　　图 4-4-53　　　　　　　　图 4-4-54

学生之前对 Scratch 可以说是完全的陌生，但此款编程软件界面设计鲜艳，形象卡通，操作命令图形化，因此在实际教学过程中，学生表现出很大的兴趣。Scratch 中的菜单栏和工具栏中涉及的内容较多，而本课只需对控制（空格是否被按下）、侦测（计时器）、变量（建立时间链表）三个命令加以说明。实施时教师先做演示示范，得出数据链表，再请学生上前模仿演示，最后全体学生集体实践，得到 150—200 个左右的数据。随后指导学生将这些数据输出。

在科学探究活动中，数据的采集是很重要的一步。针对某一项研究课题，我们需要的是大量有价值的正确数据。按每个学生至少采集一到两百个数据来推算，全班采集的数据至少可以达到几千个。同以往的实验比较，在数据采集量上有了极大的提高。

用计算机采集数据提升了学生的数据探究意识，为探究数据规律打下了坚实的基础。

步骤二：用 Excel 处理 Scratch 输出的数据。

从 Scratch 中导出的数据是按键时刻的时间列表，是没有时间间隔的数据，这些数据只能以 TXT 文件的形式输出，因此需要将 TXT 文件中的数据复制到 Excel 中进行一系列的处理：建立数据表（排除干扰数据，保留有效数据）、为数据列命名、写序号、用公式求时间间隔、求平均值、求最大值、求最小值等。

（1）数据表的建立。

在处理数据前，一定要正确的建立实用的数据表格。表格中要体现实验的次数、所采集数据的种类及名称等，如图 4-4-55 所示。

A	B
次数	时刻/s
1	0.456
2	0.7
3	0.856
4	1.056
5	1.2
6	1.756
7	1.956
8	2.1

图 4-4-55

（2）利用简单的公式进行计算得出有效的研究数据。

在 Excel 中可以对所采集的基本数据进行公式计算（求差、求平均、求最大、求最小等），得出我们所需要的数据。

●利用求差公式得出按键的时间间隔，也就是按键反应时间，如图 4-4-56。

B	C
时刻/s	时间/s
0.456	=B3-B2
0.7	
0.856	
1.056	

时刻/s	时间/s
0.456	0.244
0.7	0.156
0.856	0.2
1.056	0.144
1.2	0.556
1.756	0.2
1.956	0.144
2.1	0.156
2.256	0.167
2.423	0.177

图 4-4-56

●利用求平均公式得出反应时间的平均值，如图 4-4-57。

C	D	E
时间/s	平均值/s	
0.244	=average(C:C)	
0.156		
0.2		

图 4-4-57 求平均值

●利用求最大、最小公式求出选出本组数据的最大值最小值，也就是按键间隔的最长最短时间，如图 4-4-58。

C	D	E	F
时间/s	平均值/s	最大值/s	最小值/s
0.244	0.180645	0.556	0.124

图 4-4-58 四组计算数据

（3）制作散点图，从图上观察按键反应时间的变化趋势。

●利用制作图表的功能，制作散点图，从图上可以看出按键反应时间的变化趋势和大致水平，如图 4-4-59。

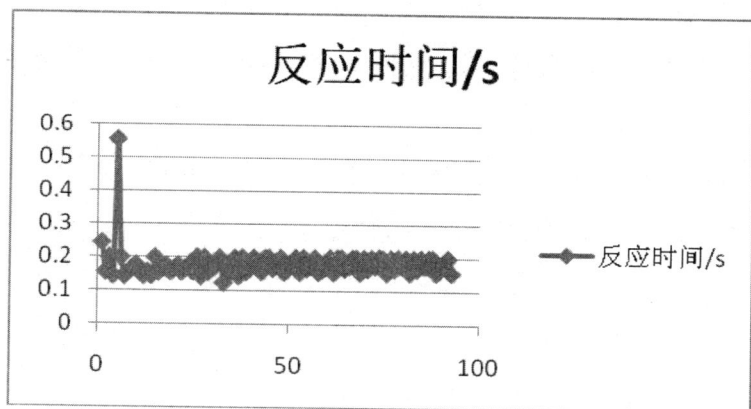

图 4-4-59

实验中我们得到了大量的真实数据，它们能反映出一定的结论（按键反应时间），我们需要及时的分析和处理这些数据。

步骤三：从大量数据得出更加丰富的结论——数据的汇总分析。将学生反应时间平均值汇总后形成柱状图，如图 4-4-60。

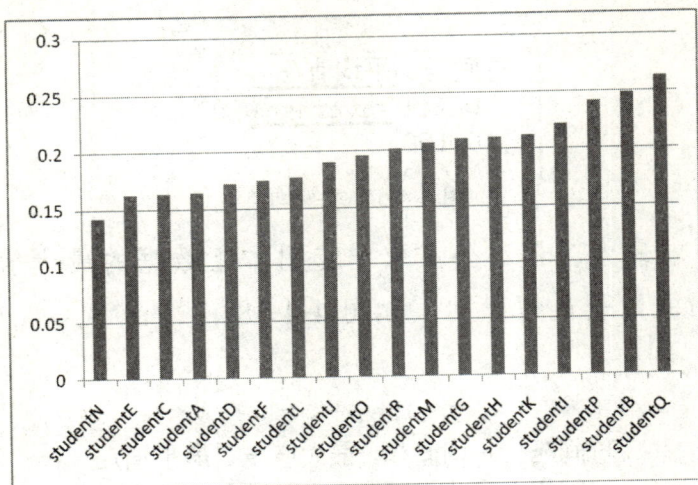

图 4-4-60

　　柱状图对于学生而言是一种新的数据分析手段，从中可以看出全班学生的按键反应时间的分布情况，对统计结论进行平均值、最大值、最小值的分析得出，全班 18 名学生中平均值为 0.20s，反应时间在 0.14－0.26s 之间。

　　学生掌握 scratch 后，他们把 scratch 作为一个研究工具使用，而这种工具是学生在家里就可以随时制作的，学生想出了很多后续的探究实验。下面举几个例子：

　　●一位同学研究了当人在松弛状态下快速按键盘和在竞技状态下快速按键盘的差异，并且研究在竞技状态下左手和右手反应时间的差异，他得出结论：竞技状态反应时间明显短于放松状态，并且左手按空格和右手按空格差异不大。

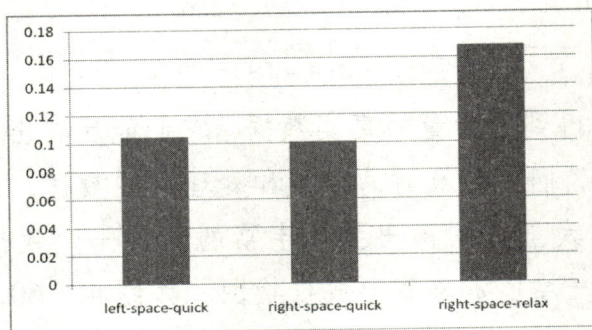

图 4-4-61

　　●一位同学研究了连续按鼠标的反应时间，并且与连续按空格的

反应时间做了比较。使用了下图所示的程序

图 4-4-62

他发现在竞技状态下，使用鼠标和使用键盘的反应时间差异不大，但是有趣的是即使很努力，使用左手的食指按鼠标，其反应时间还是远远大于右手食指按鼠标的反应时间。这可能是由于对于这位右利手者平时基本使用右手按鼠标造成的。

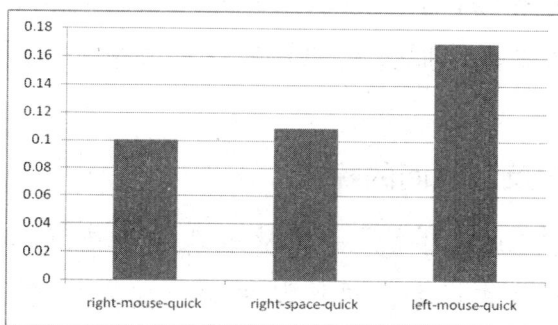

图 4-4-63

●一位同学研究了当眼睛看到信号后做出反应时间与连续按键盘时反应时间的差异，它让程序经过随机秒以后切换到下一个造型作为做出反应的信号，记录该信号出现到人做出反应的时间，并据此得出通过视觉信号做出反应的反应时间。

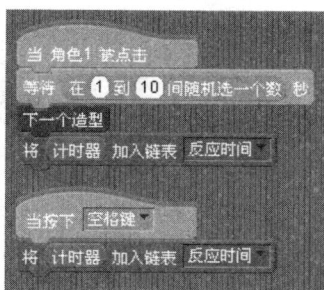

图 4-4-64

实验结论表明当眼睛看到信号后做出反应的时间要远远大于快速按键盘的反应时间。

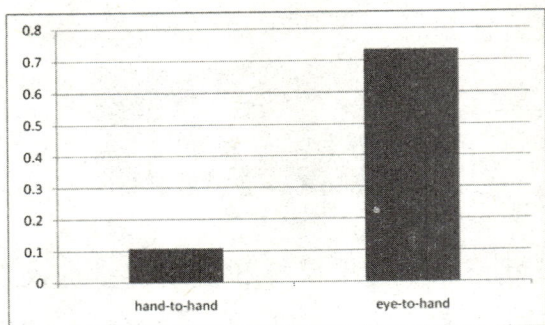

图 4-4-65

这些实验都体现了数字科学的两个重要目的：1 让学生学会编写程序作为探究工具使用，2. 让学生掌握探究的数据处理方法。而结果表明，学生在掌握这两点后，他们独立地开展探究活动的积极性和能力都得到了提高。

实例二：视觉反应时间的探究

我们生活中说"眼疾手快"是指从眼睛作为传感器接收到视觉信号，到大脑分析后作出动作指令，再控制手做出反应的整个过程。

测定视觉反应时间

我们通过小猫造型的变化来测试视觉反应时间。小猫手中会突然拿起一个棒子，测试者看到小猫拿起棒子后立马单击小猫，使用计时器工具计算反应时间并让小猫说出反应时间，如图 4-4-66 所示。

（a）变化前　　　　（b）变化后

图 4-4-66　测试反应时间

图 4-4-67 是原始程序，为了增加猫变身的不确定性，让猫等待随机数秒后再变身，变身后，计时器归零。看到猫举起了棒子后，按下小猫测定出反应时间。

稳定的实验现象是信息技术实验的一个基本概念，因此我们建立一个链表"结果"将多次反应时间的数据存储下来。记录 20 组数据，将数据从链表中导出，利用 Excel 中求平均值的功能，自动计算平均值，如图 4-4-68 所示。

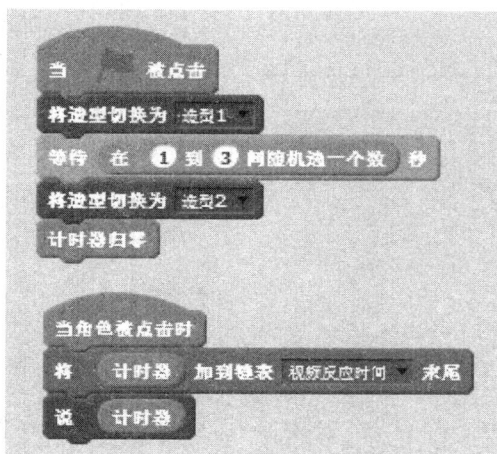

图 4-4-67 测定软件

图 4-4-68 求平均值

测得平均值为 0.7128 秒，此外我们还可以使用 Scratch 来计算平均值，如图 4-4-69 所示。

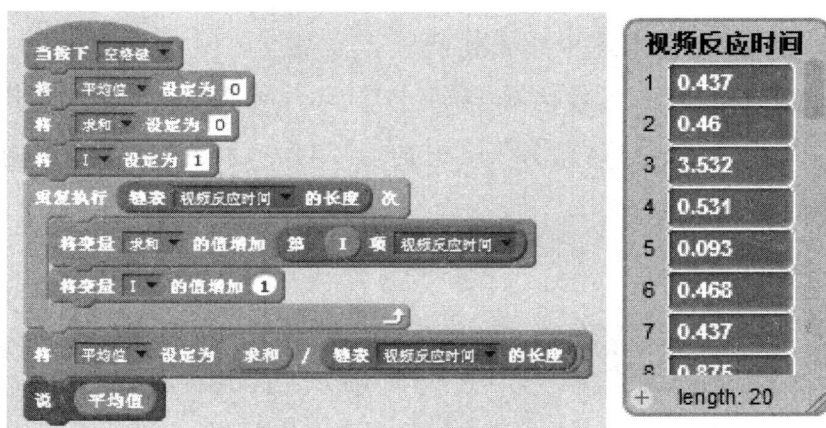

图 4-4-69 计算平均值的代码

如何确定 20 组实验的结果就能够真实的测量视觉反应时间的数值呢？因此我们有必要做 100 次实验。

基于视觉反应时间数据的挖掘

当我们有 100 组甚至更多的实验数据之后，便可以对这些数据进行挖掘，以下是一些实验猜想和实证的结论。

（1）20 组数据是否能够反映 100 组数据的结论？

从图 4-4-70 所示可以看出 20 组数据和 100 组数据的平均值基本一致，但 100 组数据的变化幅度更大，这说明如果只希望得到视觉反应时间的平均值，测量 100 次是可行的。

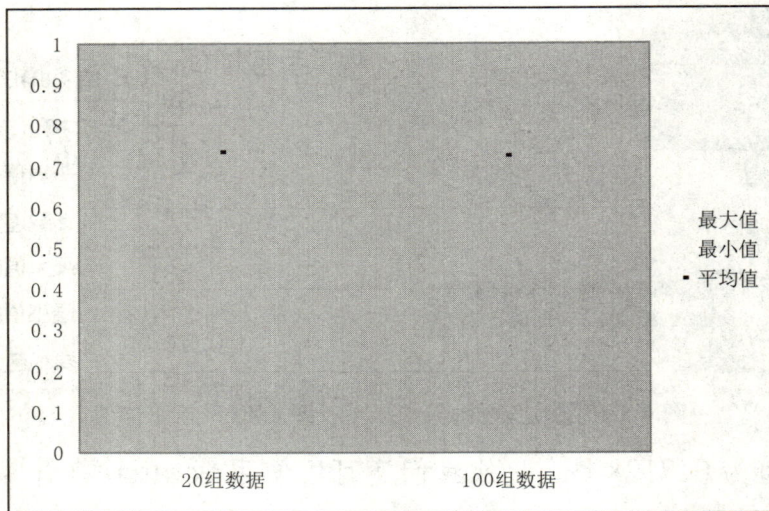

图 4-4-70　100 组数据域 20 组数据的比较

（2）这 100 组数据的分布情况是怎样的？

使用 COUNTIF 函数，确定每个区间内数据的数目，将其绘制在图 4-4-71 中，可以看到数据的分布向 0.647 一侧靠拢，这种向左靠拢的现象称为负偏态。

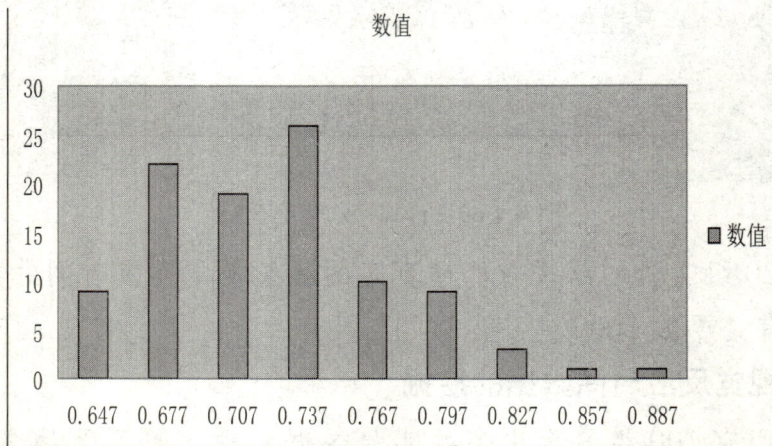

图 4-4-71　100 组时间数据的频数分析

（3）是否存在实验的疲劳现象，即后 50 组数据比前 50 组数据的反应时间更长？

使用函数 STDEVA 计算前 50 组和后 50 组的标准差，发现前 50 组的平均反应时间为 0.720 ± 0.051 秒，后 50 组数据为 0.732 ± 0.042 秒，我们发现这两组数据出现的重合部分很大，因此说明后 50 组相比于前 50 组没有出现明显的疲劳现象。

（4）视觉反应较快的概率是多少？

实验发现，对于这一位同学而言，视觉反应时间小于 0.662 秒的概率为 9%。

实例三： 听觉反应时间和视觉反应时间的比较

使用 播放声音 喵 计时器归零 替代图 4-4-67 中的部分代码，就可以研究听觉反应时间，看看平均值与视觉反应时间相比，是否有差别。实验结论如图 4-4-72 所示，是否能够说明该同学视觉反应时间比听觉反应时间小呢？

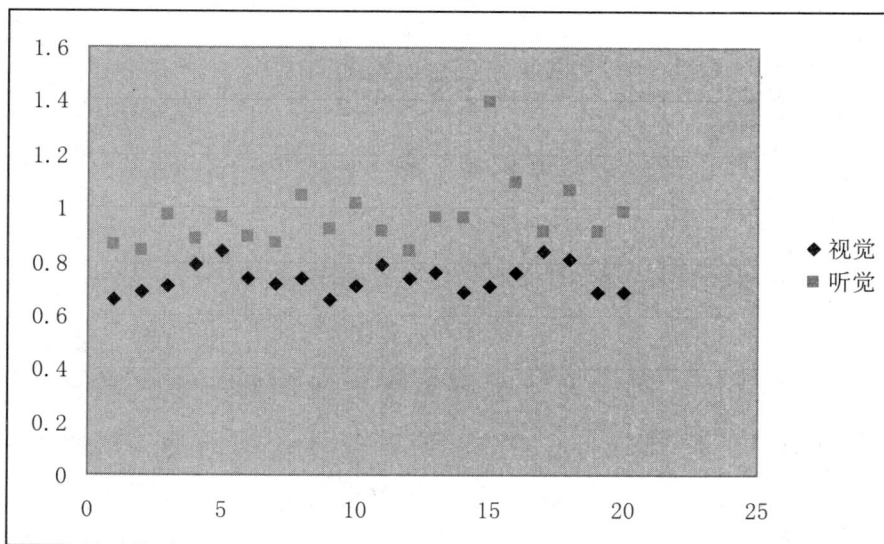

图 4-4-72 视觉反应时间和听觉反应时间的散点图比较

如果我们将标准差绘制成股价图，我们可以看出听觉反应时间和视觉反应时间存在着明显的差距，如图 4-4-73 所示。因此可以判定，该被试的听觉反应时间明显比视觉反应时间长，这进一步的验证了之前的猜想。

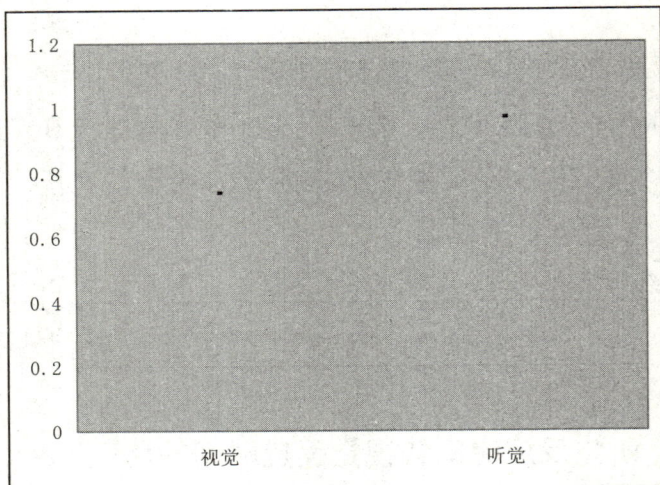

图 4-4-73 视觉反应时间和听觉反应时间的股价图比较

为了更加科学地描述听觉和视觉反应时间是否存在明显差异，可以使用函数 FTEST 来判断两组数据没有差异的概率，如图 4-4-74 所示，这种方法是目前最具科学意义的研究方法。

	A	B	E	F	G
			=FTEST(A2:A21,B2:B21)		
1	视觉	听觉	Ftest结果		
2	0.661	0.865	0.00073		
3	0.688	0.837			
4	0.71	0.969			
5	0.789	0.887			
6	0.839	0.966			
7	0.738	0.89			
8	0.713	0.866			

图 4-4-74 对视觉反应时间和听觉反应时间进行 F 检验

这个结论的意义是该被试的视觉反应时间和听觉反应时间相等的概率为 0.00073，意味着有 0.073% 的可能性是相同的，既然两组数据相同的可能性非常低，这就意味着两组数据有极大的可能性是不同的，意味着在统计意义上该被试听觉反应时间比视觉反应时间要慢。

酷乐宅与水果钢琴

1．关于酷乐宅。

酷乐宅是一个能把各种日常物品变成鼠标、键盘、游戏手柄、触摸板、甚至是传感器的神奇电路板。

酷乐宅的开发者认为它的发明借鉴了两位麻省理工学院媒体实验室的博士Eric Rosenbaum和Jay Silver开发的makeymakey的思路。酷乐宅的外观和makey非常相像，但在具体实现上他们却拥有一套自主开发的核心技术，独立开发的硬件电路，独立开发的软件，独立开发的板图，同时改善、增加了许多功能与特性，更加符合中国人的使用习惯。

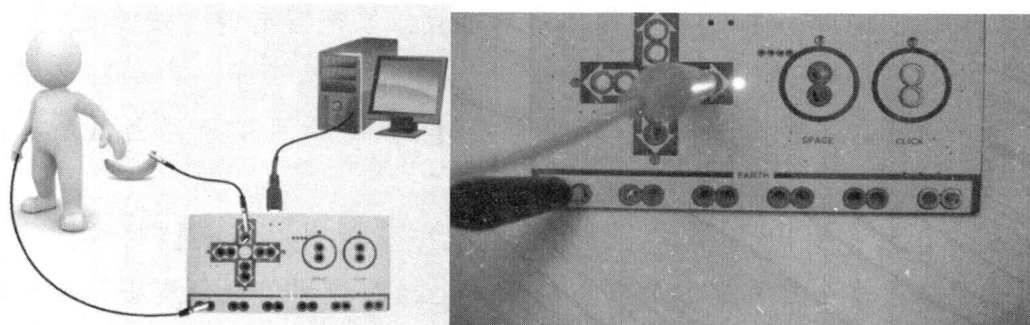

图 4-4-75

标准版套件包含：

- 酷乐宅主板 1 个
- 迷你 USB 线 1 条
- 手腕带连接线 1 条
- 鳄鱼夹 6 条
- 软件光盘 1 个
- 说明书 1 份
- 精美包装盒 1 份

豪华版套件包含：

- 所有标准版套件
- 测试橡皮泥 6 包
- 压缩海绵若干
- 铝箔纸 1 卷
- 额外鳄鱼夹 6 条

2. 酷乐宅可以做什么。

酷乐宅可以把各种物品（比如橡皮泥、水、人体或各种植物，当然包括金属）变成计算机的输入设备（键盘、鼠标等）。

举个简单的例子，比如可以把一个连接到酷乐宅上的树叶变成一个键盘回车键，那以后你触碰那片叶子就相当于按了回车键。

实际上这样的接口酷乐宅上一共有 22 个，至于是回车还是其它键或者是鼠标移动等等都可以通过简单的设置实现。

比如，用酷乐宅连接 10 片叶子，设置每个叶片都是不同数字按键，那你以后登录 QQ 的时候就可以触碰树叶输入账号或密码了！

比如，你可以打开一个钢琴演奏游戏，原来需要键盘按键 1、2、3 演奏出 Do、Re、Mi，然后你用酷乐宅连接西瓜、菠萝、苹果，设置西瓜是按键 1，菠萝是按键 2，苹果是按键 3，你就可以触碰西瓜演奏出 Do，触碰菠萝、苹果演奏出 Re、Mi 了。

再比如，有时你在办公时想解放双手，希望用脚来控制鼠标滚轮浏览网页，那么你可以办公桌下的地面上放两块铝箔纸（口香糖里面那个银色的纸就是铝箔纸），用我们提供的夹子连接到酷乐宅预置的滚轮输入口上（如果是接其它输入接口也没有问题，只需在软件上设置下就可以了），然后你就可以用脚来翻看网页了，是不是很神奇！？

3．它是如何工作的。

基本原理是：通过微控制器检测微弱的电流来判断是否有回路产生，如果检测出某个端口有微弱的电流产生，就马上通过 USB 接口发送一个按键、鼠标或执行程序等信号给计算机，从而让任何连接到电路板上的物体拥有类似触摸感应的功能。

4．安装驱动程序

连接 USB 线和鳄鱼夹线，如图所示图 4-4-75。利用套件中的光盘，找到并安装驱动程序，再安装客户端，就能得到如图 4-4-76 的图标，双击启动客户端软件，就得到了如图 4-4-77 的用户界面图。

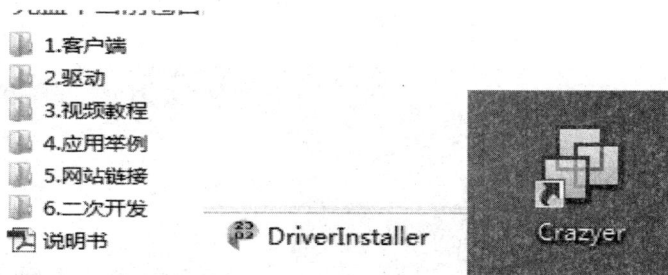

图 4-4-76

图 4-4-77

5. 连通电脑与酷乐宅

在电脑与酷乐宅的硬件连接好后,打开客户端软件,在图 4-4-77 中,点击连通设备,此时,会进行设备的连通。连通好的客户端如图所示。

6. 定义按键

酷乐宅一共有 22 个输入接口,每个输入接口都可以通过我们提供的软件配置成任意键盘按键、鼠标动作等。

事实上,系统已经预置了一套按键配置,你甚至可以不去改它,但是为了酷乐宅能与更多的 PC 软件兼容,或者说更好地发挥出您自己的创意,我们需要修改下默认的设置。

在图 4-4-77 中点击与酷乐宅面板上对应的按钮,出现如下界面:

图 4-4-78

此时按下电脑键盘上的数字键 1,最右面的第一个输入接口就被设置成了数字 1 键。以此类推,可以设置数字 2,3,4,5,6,7。为钢琴弹奏做好准备。

7. 连接 7 个水果或土豆如下图

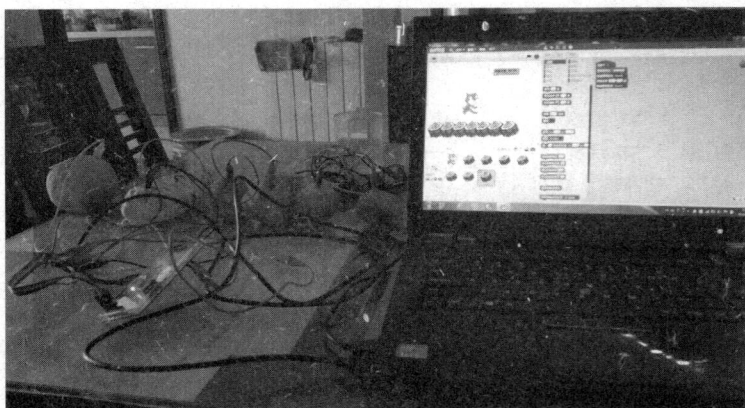

图 4-4-79

8. 体感腕带如下图

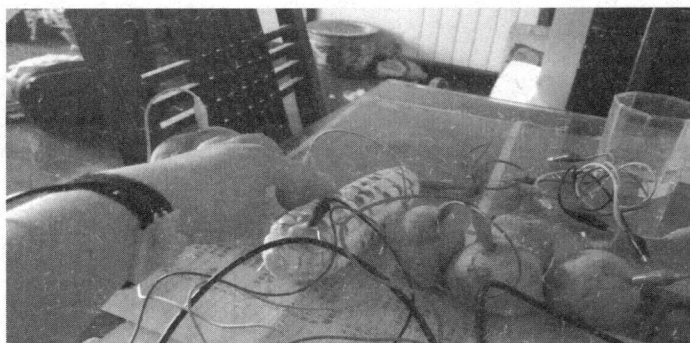

图 4-4-80

9. 启动 Scratch，打开钢琴的程序，你就可以用土豆弹奏钢琴了。

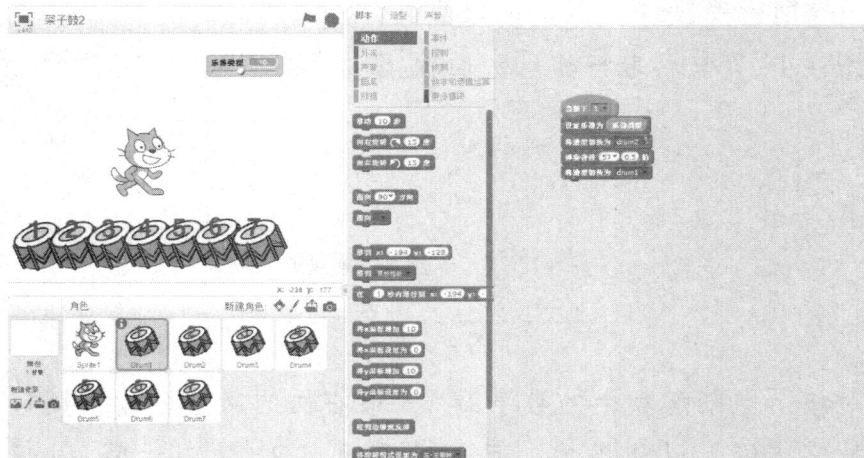

图 4-4-81

第五章

竞　赛　篇

数码探科学大赛简介

■首届"数码探科学"大赛的由来

数字科学家计划产生于北京师范大学项华教授的北京市教育科学"十一五"规划课题。课题在开始阶段探讨了校本特色选修课程的建设，但是随着课题研究的深入开展，数字科学家计划已经不再局限于校本选修课程，开始运用到正规的物理课堂教学；也不仅局限在物理学科教学，已经运用到了小学高年级的科学课程与教学。那么，数字科学家计划能否运用于科普领域呢？这是课题组十分关注的一个问题。

2013 年 9 月至 12 月，为贯彻科技部、教育部、中宣部、中国科协、共青团中央等五部委联合颁发的《中国青少年科学技术普及活动指导纲要》精神，落实东城区青少年科学技术学院工作，提升学生现代科学素养水平，东城区青少年科技馆与数字科学家计划课题组联合举办了首届东城区学生"数码探科学"大赛活动，参赛对象为 500 名东城区青少年科学技术学院的六年级学生。

大赛主题

"在探究与快乐之中播种未来科学家的种子"。

大赛内容

（1）学生利用数码相机、计算机、互联网、iPad、手机等数码手段探究一个科学问题，其中包括：

①探究与解决生活中的科学问题；

②探究与解决课堂中的科学问题；

③探究与解决生产中的科学问题。

（2）探究成果以 PPT 或者 DV 的作品形式呈现。

大赛实施过程

2013 年 9 月 27 日，项华教授在东城区史家小学礼堂进行了"数字科学家"课程和数据探究的综述讲座。他指出，数据探究作为一种出现在大数据时代并逐渐兴起的探究方式，不应该只是具有深厚技术基础的人的专利，也不应该因为仪器设备不够顶级、专业而远离普通人的视线。数据探究可以存在于生活中的各个细节中。由于数码工具愈发多样、智能，可探究的事情会更加多样化和生活化，而探究过程也会更简便。这一精彩演讲为接下来的"数字科学家"课程和"数码探科学"大赛拉开了序幕。

在启动"数码探科学"大赛的同时，从 2013 年 10 月 11 日起，用连续 10 周周五的下午，在 10 个学校采用"竞赛驱动课程"的方式开设了"数字科学家"课程。

整个大赛的启动、组织、评审在严格的大赛章程下展开。评审组专家在选题、数码技术应用和探究成果呈现形式等方面给予了专业的支持。学生、家长、学校教师、科技馆教师和项目组人员在大赛活动之中表现出了高涨的热情。著名教育家顾明远先生在大赛颁奖会上讲到，这次大赛让人们看到了大数据环境下的教学实践，同学们在数码探究中有模有样，学到了科学思想和科学方法，体验到了数码探究的乐趣。

第一届大赛共收集作品 217 件，一等奖 15 项，二等奖 25 项，三等奖 45 项，优秀指导教师 15 人。

第二届"数码探科学"大赛的概况：

在成功举办第一届"数码探科学"大赛的基础上，大赛组委会及时总结经验，完善大赛规则，面向东城区青少年科学技术学院六年级学生组织第二届"数码探科学"大赛。2014 年 9 月 5 日，在东城区青少年科学技术学院六年级开学典礼上，面向全体学生发布赛事信息，正式启动第二届大赛活动。

在完善大赛规则方面，本次大赛要求学生在完成 PPT 的同时，还要提交一份探究报告，按照发现问题、提出假设、实验分析、得出结论等内容，让学生全面掌握科学探究方法。与此同时，赛事组织方还利用网络平台，组织学生将探究过程发布在平台上，与全体学生分享，征询意见，共同研究，突显了探究性学习重过程的特点。

第二届大赛共收集作品 345 件，一等奖 23 项，二等奖 36 项，三等奖 47 项，优秀指导教师 9 人。相对于第一届大赛，学生参与率更高

（714 名学生中有 381 人参与大赛，参赛率达到 53.36%），学生能够自主利用数码设备去探究一个科学问题，思路更清晰，探究过程更合理，论述也更严谨。

■ 优秀作品赏析

获奖作品的水平较高，体现了"数码探科学"的核心价值。这可以从东城区和平里第一小学六（2）班一等奖获得者任可晗同学的"顾家庄桥拥堵问题的探究"窥见一斑。

（1）问题提出：爸爸下班总是从东五环开车回来，但经常被堵在顾家庄桥前面。我希望能让爸爸早点回来，能让更多的爸爸下班早点回家。

（2）探究意义：让辛苦工作一天的爸爸早点回家。让更多的家长早点回家。 希望能减少交通拥堵。 希望通过减少堵车，降低 PM2.5 排放。

（3）探究过程：表 1 和表 2 简略地反映了数码探究的过程。

（4）得出结论：造成来广营桥与顾家庄桥之间经常性堵车的原因是三道交汇，大量汽车同时汇入五环主路，造成车间距变短，车速下降，形成车流瓶颈。

（5）提出建议：在来广营桥东提前分流一部分去天通苑、北苑的车辆。提前为此区段留出空间。加宽车道，留出缓冲区。

任可晗同学的课题源于生活，探究过程规范，数据采集采用了亲身观察、互联网、北京市交通委网站的各时段路况图、Google 地图。论证采用了多种手段：Google 地图的实例、路况图实例、计算论证、动画演示论证。

结论明确、建议合理，是典型的大数据环境下的数据探究活动。

■ 总 结

（1）大赛理念新、有高度。大赛说明了数码探究与其说是一种能力，还不如说是一种生活态度—— 一种大数据时代必备的科学素质。

（2）参赛学生喜欢"数码探科学"大赛。这可以从问卷调研情况看到，90% 学生和家人、朋友谈论过"数字科学家"课程；98% 学生喜欢用数码摄像器材获取数码信息，进行探究学习；94% 学生有利用 Scratch 编程工具设计游戏的意向；97% 学生今后还希望参加类似的课程。

（3）参赛选题广泛。这可以从一等奖作品的名称得到印证，见表1、表2。

表1　第一届一等奖获奖题目一览表

序号	作品
1	数码相机快速测量正投亮度可行性探究
2	顾家庄桥拥堵问题的探究
3	物体下落与水花高度的关系
4	液体表面的张力和秘密
5	树叶燃烧引发森林大火趋势的探究
6	酸奶对馒头发酵程度影响的探究
7	手指反应时间的测试与评估
8	北京雾霾天气探究
9	光的颜色对东亚钳蝎生长的影响
10	螃蟹的脚步
11	中国的大陆海岸线到底有多长
12	人的反应速度与安全驾驶的关系
13	LED 灯频闪现象探究
14	外置制冷片减少数码相机噪点的实践探究
15	梅西耶天体摄影专用星图的探究与制作

表2　第二届一等奖获奖题目一览表

序号	作品
1	4个品牌酸奶对面团发酵影响效果的探究
2	天空中的云朵究竟有多高？
3	利用数码相机探究与制作家用燃气炉灶节能装置
4	糖葫芦状水流的探究
5	两只眼睛的奥秘
6	利用微信取证治理小广告的探究

7	做饭对 PM2.5 影响情况的探究
8	视觉暂留时间测定
9	计算机与人工图像识别模式结合高效搜索近地小行星
10	运用 Scratch 传感器板探究声控灯原理
11	足球比赛中大禁区附近射门最佳方式的探究
12	轮胎花纹对摩擦力的影响
13	物体撞击水面产生水花大小和水柱高低的探究
14	蓝光和红光补光对植物生长的影响
15	对人脸黄金比例是否会遗传的探究
16	关于望月在农历十五、十六出现概率的探究
17	影响鞋底防滑性能的因素的探究
18	浅析起跑时的角度问题
19	不同土壤对小麦发芽和幼苗前期生长的影响
20	用数码相机记录与发现黄瓜卷须的生长规律
21	一滴水体积的探究
22	央视大楼"颜值"探秘——兼论日照强度、能见度、PM2.5 的关系
23	树木的耐寒程度与冬季自我保护方法之关系

（4）数据探究、实物实验探究、数学逻辑探究的手段有待拓展。有的选手能够将数码手段、实物模拟手段和数学推理结合起来，是个可喜现象，但是这样的作品数量不够多。

（5）有协同与交流。参赛作品有的是个人完成的，也有的是学生、教师或家长等人合作完成的，在完成过程中锻炼了数据探究的重要能力——协作与沟通。

（6）"数码探科学"作品的生动性有待加强。探索未知世界往往不是一蹴而成的，其过程往往含有酸甜苦辣和曲折成分，那种愈挫愈奋的科学精神尤其可贵，但是能够体现这种曲折过程的作品数量不够多。

总之，"数码探科学"大赛实践了数字科学家计划与科普结合的新途径，实现了大赛的预定目标——"在探究与快乐之中播种未来科学家的种子"。这种大赛对于提高公民科学素质水平具有重要意义。

获奖作品一 4种品牌酸奶对面团发酵效果影响的探究

我的问题

我非常喜欢喝酸奶，听妈妈说酸奶里面的乳酸菌有利于身体健康。我用百度搜索了一下，原来酸奶里面的乳酸菌还能发酵面团，酸奶味的馒头应该也不错吧。

听爸爸说在他们单位的实验室，会用不同品牌的仪器做相同的实验，来比对各品牌仪器的实验效果。

那么，我也用平时喝过的不同品牌的酸奶试试发酵面团做馒头吧!

我的猜想

不同品牌的酸奶，对面团的发酵作用应该是一样的吗？对馒头口感的影响呢？

探究方案

（1）4种酸奶品牌：蒙牛冠益乳、蒙牛风味、伊利益消、三元悦浓。

（2）实验材料与用量：每种酸奶固定用量为40g；每份面粉用量为100g；每份水为30g，和匀。这个材料量比例是为了保证馒头的口感，妈妈建议的。

（3）和好的面团，按压使面团厚度统一为1.5cm，以1元硬币为参照物给四个面团拍照片。

（4）在恒定温度湿度下放置一天，再次以1元硬币为参照物给4个面团拍照片。

（5）使用几何画板软件，对前面2次拍照的照片进行屏幕测量，计算得出4个面团面积的大小，希望以此对比出不同品牌的酸奶对面团发酵的影响，进一步可推断酸奶中乳酸菌含量的多少。

（6）数码设备选用：数码相机、计算机、几何画板软件。

探究过程

01：称重

1　将青瓷空碗置于电子秤上之后，归零电子秤。然后向青瓷空碗中加入 100g 面粉（图 5-1-1）

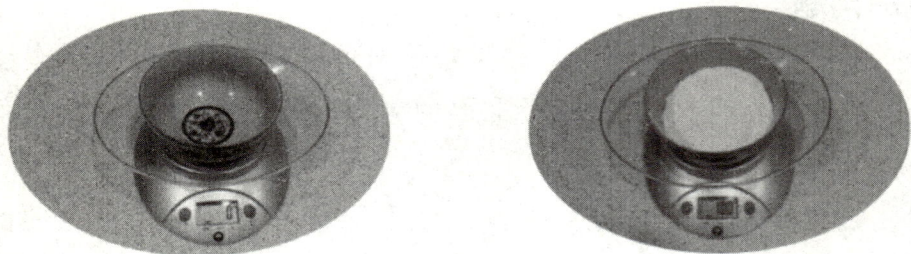

图 5-1-1

2　将白瓷空碗置于电子秤上之后，电子秤归零。接着向白瓷空碗中加入第一种酸奶 (40g)（图 5-1-2）

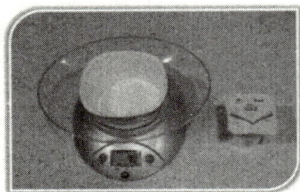

图 5-1-2

3　以此类推，分别将四种酸奶各 40g，与相同面粉各 100g 称量备用。

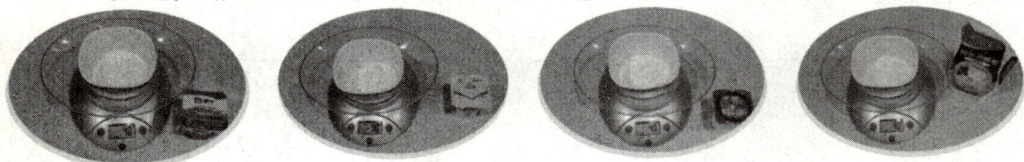

| (a) 蒙牛冠益乳 | (b) 蒙牛风味 | (c) 伊利益消 | (d) 三元悦浓 |

图 5-1-3

02：和面

1　将已经称重的 4 种酸奶分别与每份面粉和匀（图 5-1-4）。

图 5-1-4

2　揉成的面团形状尽量均匀、圆滑，高度统一为 1.5cm（图 5-1 -5）。要考虑三角尺 0 刻度前有 0.5cm 空白。

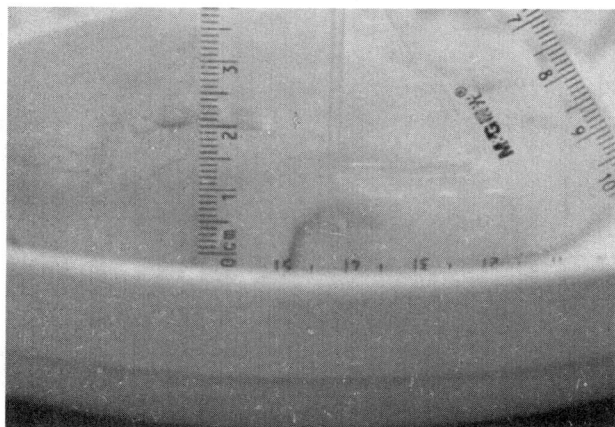

图 5-1-5

03 初始拍照

将 1 元硬币临近面团放置，对桌面进行垂直拍照，可避免角度对后续电脑测量的影响（图 5-1-6）。

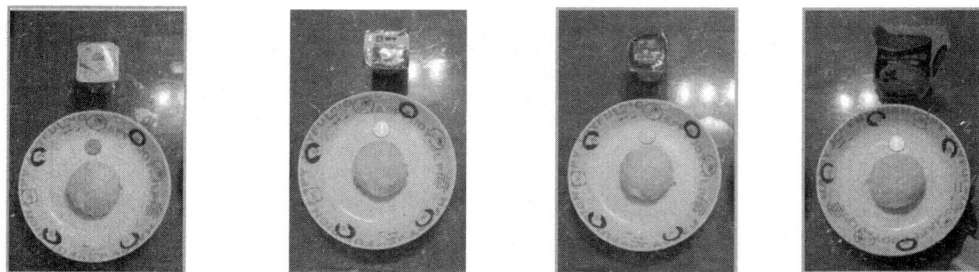

图 5-1-6

04 发酵

正值冬季，将盘子盖上保鲜膜，放在暖气上一天（图 5-1-7）。实测暖气上面是温度 35℃，环境湿度为 25%，自然发酵。

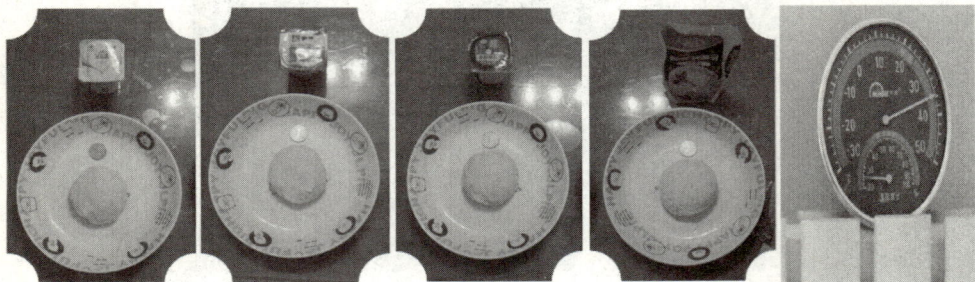

图 5-1-7

05 再次拍照

按照步骤 03，分别给 4 组酸奶及其发酵后的面团拍照（图 5-1-8）。

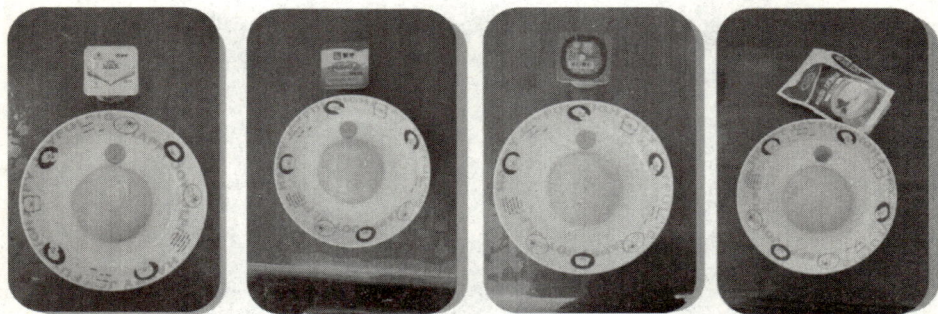

图 5-1-8

06 数据处理

（1）通过使用几何画板软件中的度量工具，发酵前照片中硬币面积为 1.66cm，照片中面团面积为 17.53cm；1 元硬币实际面积约为 4.91cm，因此按相同比例算出面团的实际面积为 51.85cm。

（2）同理，发酵后照片中硬币面积为 2.33cm，照片中面团面积为 36.21cm；1 元硬币实际面积为 4.91cm，因此按相同比例尺算出面团的实际面积为 76.31cm。

（3）同理，馒头照片中硬币面积为 2.4cm，照片中馒头面积为 47.74cm；1 元硬币实际面积为 4.91cm，因此按相同比例算出馒头的实际面积约为 97.67cm。

（4）电脑测量图见图 5-1-9。

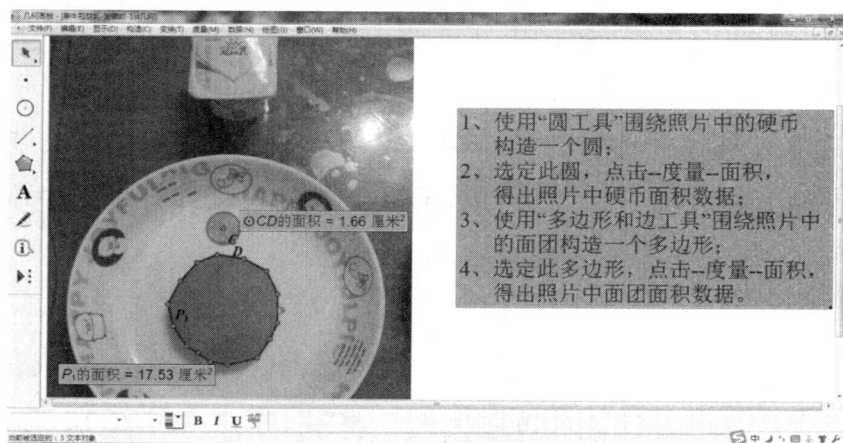

图 5-1-9

（5）数据记录见表 5-1-1。

表 5-1-1

酸奶品类	发酵前面积	发酵后面积	馒头面积
蒙牛冠益乳	51.85cm²	76.31cm²	97.67cm²（发酵效果最佳）
蒙牛 风味	46.16cm²	74.59cm²	90.65cm²
伊利 益消	50.95cm²	71.89cm²	89.14cm²（未发酵充分）
三元 悦浓	53.22cm²	75.38cm²	95.73cm²

07 验证实验

本着严谨的态度，进行第二次实验，步骤、环境与第一次实验相同，数据见表 5-1-2。最佳发酵效果与第一次实验结论一致。

表 5-1-2

酸奶品类	发酵前面积	发酵后面积	馒头面积
蒙牛 冠益乳	61.40cm²	90.87cm²	126.31cm（发酵效果最佳）
蒙牛 风味	65.89cm²	83.68cm²	107.11cm²
伊利 益消	60.15cm²	81.20cm²	98.25cm
三元 悦浓	63.57cm²	100.44cm²	119.52cm²

探究结论

哦……原来蒙牛冠益乳相对其他几种含有更多有效乳酸菌，这可不是广告，是真实的实验比对结果，大家也可以回家试试哦。

经过两次对比实验，发现蒙牛冠益乳这种酸奶对面团的发酵效果最好，原因是什么呢？有可能是蒙牛冠益乳比其他几种酸奶含有更多有效乳酸菌。

体会与收获

(1) 收获感受：通过参加本次"数码探科学"活动，养成了仔细观察周围一些日常但有科学根据的现象，锻炼了自己的动手能力，提高了遇到问题如何想办法去解决的信心，对"数码探科学"有了更深的了解。

(2) 问题与失败：在4种不同品牌酸奶对面团发酵效果的对比试验中，早期遇到了数次面团发酵不佳的情况，总结教训，向爷爷奶奶请教，找出最佳面团发酵温度及湿度，最终通过数次实验，面团终于发酵成功。

(3) 意外的收获：日常生活中不能过分相信广告及产品说明，人云亦云，要通过自己的实际感受及实验验证才能确定。

(4) 父母的观点：孩子参加此类课外科技活动，能提高孩子们对数码及其他实用科学的兴趣，增强提出问题及解决问题的能力，对孩子们将来进入社会后能不断创新及进取有着潜移默化的推动作用。

获奖作品二 天空中的云朵究竟有多高？

我的问题

学校每年都会组织野外郊游。驻足郊外，仰望天空白云朵朵，我经常会不由自主地遐想，头顶上的这块儿云到底离我们有多远？

也曾在飞机上看到云朵在脚底下千变万化，煞是奇妙，蔚为壮观。千姿百态的云啊，你究竟离我们有多远呢？

带着这个疑问，我查阅了相关资料，得知目前激光测云仪可以准确测量云底高度和能见度。那么除了这个专业仪器，我们可不可以利用生活中的日常工具做一下简易测量呢？

我的猜想

我喜欢摄影，在学校学习了一些专业摄影知识，曾获北京第十七届学生艺术节摄影大赛二等奖，东城区红领巾读书活动摄影比赛三等奖等。

我想，是否可以利用所学到的摄影知识，测出云的大致高度呢？

经过与长辈沟通，并多方查询相关资料，我终于确定了可以用相机做辅助测高，利用几何学原理测出云的高度。

探究方案

此方案需要两台照相机及三脚架。数码设备选用：Nikon D5200 及 Sony A100。

01 方案设计

1 两台照相机同时拍摄。

2 拍摄场地要在高处或空旷平坦地面。

3 两个拍照者能彼此相互呼应。

4 两台相机的直线距离可以测量。

5 两台照相机的光轴要互相平行。

6 在拍摄的图片中找出同一块云朵中的某一共同点。

7 利用几何学中的三角形相似原理求出云朵高度。

图 5-2-1

02 对输出图片准确性要求

1 两台相机输出的图片尺寸要相同。

2 取其中一组图片相对两边的中点，做出直线 XX 和 YY。

3 取两张图片云中的一个共同点 A，量出它距离直线 XX 和 YY 各多少毫米。

4 用 x_1，y_1 和 x_2，y_2 分别表示第一和第二张图片上从共同点 A 到 XX 和 YY 距离。

5 图片里 y_1 和 y_2 的距离原则上相等，但实际操作上会有误差，确认 y_1 等于 y_2 是为了确定拍摄的准确性。

探究过程

第一次拍摄场地选在了北辰路奥林匹克公园附近，我和爸爸、妈妈用两台照相机同时拍摄了多组照片，选取其中的一组照片。

第一组照片如图 5-2-2、图 5-2-3 所示，数据采集如下：

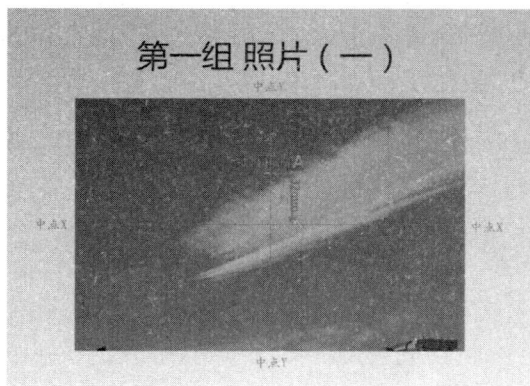

图 5-2-2

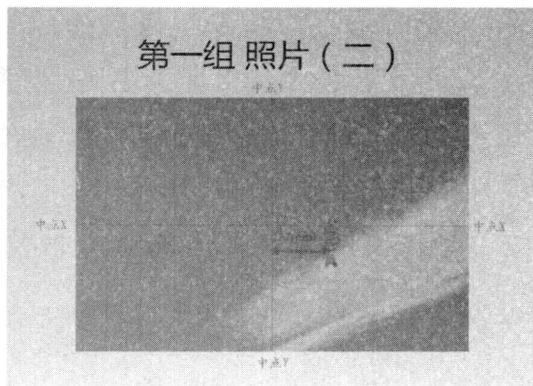

图 5-2-3

$y_1=32mm$，

$y_2=16mm$，

y_1 和 y_2 整体相差 16mm，样本差异太大，所以取值不准确。

我又测算了另外若干组数据，y_1 和 y_2 还是不理想。最后确定重新采集样本取值。第一次实验以失败结束。

第二次数据采集，这次拍摄地点选在了地坛内的方泽坛，地面开阔平坦，无景观遮挡，符合拍摄要求。吸取上次的经验，将镜头调直，对准天顶，保持光轴互相平行。又拍摄了多组照片，并经打印比较，选取数据最准确的一组。

第二组照片如图 5-2-4、图 5-2-5 所示，数据采集如下：

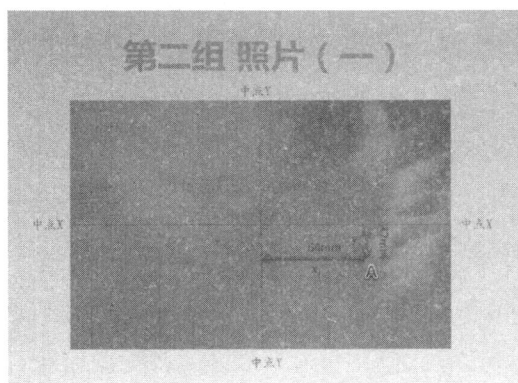

图 5-2-4

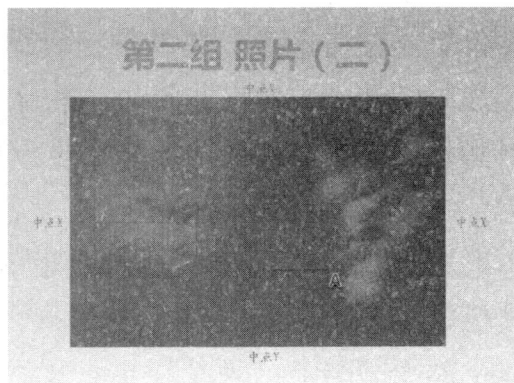

图 5-2-5

$y_1=17mm$　　　　$y_2=27mm$　　（若干数据组中最近似数值）

$x_1=64mm$　　　　$x_2=45mm$

选此组数据进行计算。测算云高度适用的公式有两种：

（1）当照片中选定两点分列 YY 线的左右侧时，适用公式：

云高度 ＝ 两台相机的距离 × 相机焦距 ／（x_1+x_2），

（2）当照片中选定的两点都在 YY 线的同侧时，适用公式：

云高度 ＝ 两台相机的距离 × 相机焦距 ／（x_1-x_2）

经过多次测试，本组选出相对最准确一组照片中云朵共同点 A 在 YY 轴的右侧。

$$= \frac{\rule{6cm}{0.4pt}}{\rule{6cm}{0.4pt}}$$

$$\approx 3630(m)$$

探究结论

本次选取的样本照片，经计算云底高度大约在 3600 米高的上空。

体会与收获

本实验一共选取了两次外景拍摄，第一次拍摄了 10 组左右的照片，最后以全部图片不符合要求而放弃选用。当时，我真有点泄气了。第二次做了充分的准备，吸取前一次失败教训，又重新拍摄了 10 组左右的图片。经过一一对比、筛选，最后选择最符合要求的图片 3 组，经全部测算找出数据比较精准的一组作为样本图片。

在这次实验中我深刻地感受到了科学不能有一丝一毫的马虎，失之毫厘，差之千里。只有保持严谨的科学态度，精益求精，才能做得好！我们在学习上不也是这样吗！

这个实验还有两个引申意义：

1 测量飞机高度：根据飞机尾迹云，可以测量飞机当时飞行的高度。

2 气象意义：通过测量云层高度的不断降低，预示天气变化。

获奖作品三 糖葫芦状水流的探究

我的问题

有一次洗手，我发现把水龙头的水流调到最细，手指上方的水流忽然变成了有趣的糖葫芦状（如图5-3-1），这立即引起了我的好奇。

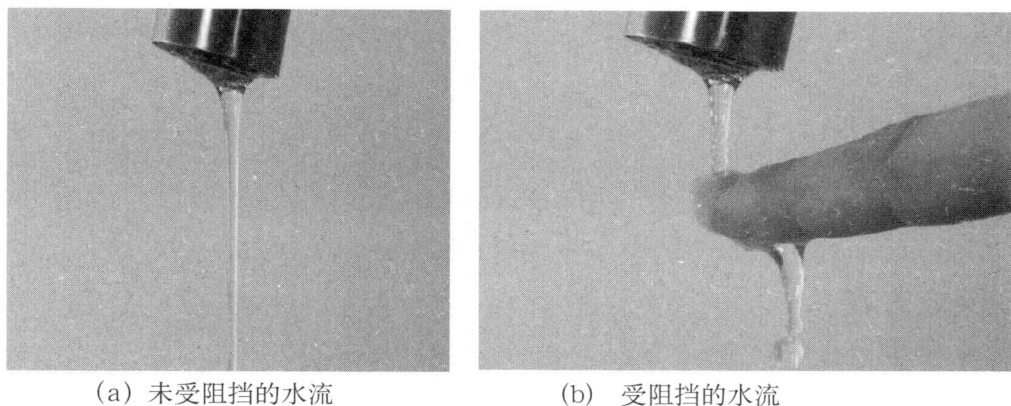

（a）未受阻挡的水流 　　　　　（b）受阻挡的水流

图 5-3-1 糖葫芦状水流

这会不会和水的表面张力有关呢？

在不同情况下，糖葫芦的大小和长短也是不一样的。不同的"糖葫芦"所包含的水量有可能相同吗？

如果相同，那么可以用"糖葫芦球数"来表述水的表面张力吗？用什么单位来计量"糖葫芦"的水量呢？我想到了水滴，它的形成也和水的表面张力有关，只是，每滴水滴的体积（水量）必须相等。

怎么才能够测量流落过程中的"糖葫芦段"的水量呢？

我的猜想

猜想这种变形与水的表面张力有关。

假设同一个水龙头滴下的每一滴水的质量体积都均等，同时假设变形的水量因为和水的表面张力相平衡，也是固定的。若选取一个临界状态（最细水流），其受阻变形的水量就等于固定的水滴数。而此时"糖葫芦球数"也是固定的。

因而就可以用此时的"糖葫芦球数"来表述水的表面张力。水的表面张力就可以有一个"另类表达法"。

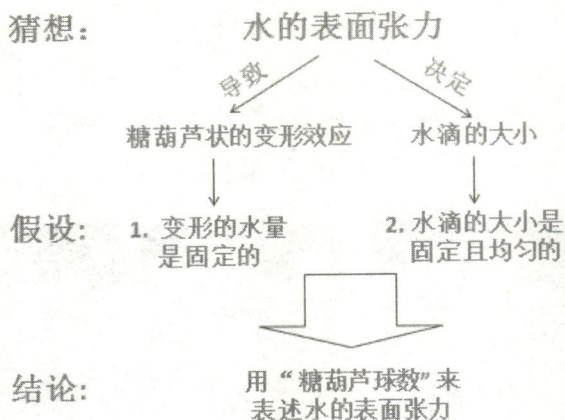

猜想：　　　　　水的表面张力

导致　　　　　决定

糖葫芦状的变形效应　　　水滴的大小

假设：　1. 变形的水量　　2. 水滴的大小是
　　　　　是固定的　　　　固定且均匀的

结论：　　　用"糖葫芦球数"来
　　　　　表述水的表面张力

图 5-3-2 猜想思路图

探究方案

01 探究对象："糖葫芦"变形的水流和水滴。

02 实验场所：厨房，利用可调温度的水龙头及水槽。

03 实验步骤：

a. 通过给糖葫芦状水流拍照，利用数码照片，计算"糖葫芦"变形的水量，验证其是否总是相等。并总结不同情况下"糖葫芦"变形的规律。

b. 用高精度数字式电子秤称测量 20、50、100、200 滴水的质量，比较每组数据下每滴水的平均质量。同时，用量筒测量每组数据下水的体积，比较每组数据下每滴水的平均体积。验证每一滴水滴的体积和质量是否均等。

04 数码设备数码相机选用佳能 EOS 600D（图 5-3-3）。

图 5-3-3 佳能数码相机

SF-400A 数字式电子秤精度为 0.1 克，读数精确、便捷（图 5-3-4）。

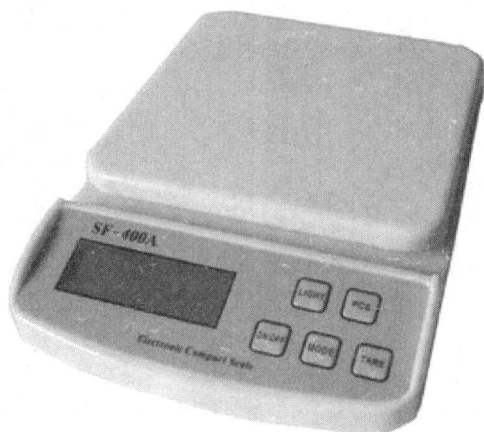

图 5-3-4 电子秤

电脑（戴尔 Latitude 5420）结合几何画板、EXCEL、PPT 等软件的应用，令数据分析和导出结论更为有效（图 5-3-5）。

图 5-3-5 笔记本电脑

探究过程

设计并制作背景标尺架

01 验证"糖葫芦"的水量是否总是相等，并总结 "糖葫芦"变形的规律。

测试拍照效果

设置、调节环境灯光，拍测试性照片图 5-3-6。从照片上可以清晰地看出"糖葫芦"，但不好测量糖葫芦的尺寸。因此需要给变形的水流添加背景标尺架。

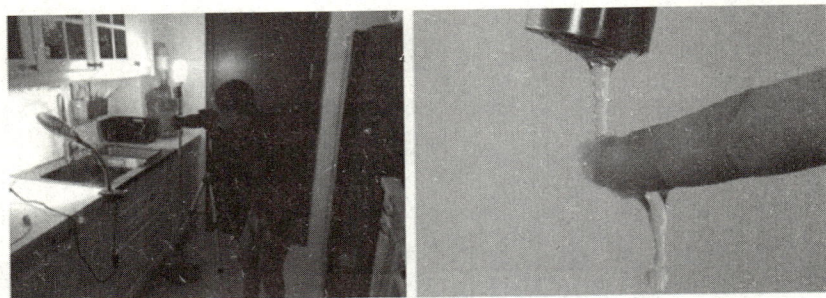

图 5-3-6 测试拍照效果

设计并制作背景标尺架

用直角钢板尺、塑料直尺、木板和短方木制作背景标尺架（图 5-3
-7），置于厨房水槽上，给"糖葫芦"添加坐标。

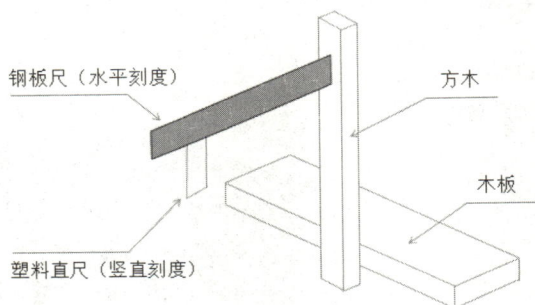

图 5-3-7 标尺架设计

要求标尺架即能保持稳定，刻度又要尽可能近地贴近水流，以确保
读数清晰。而且要能够同时读出水流直径和变形水柱的高度。

背景标尺架需要使用电钻，万能胶，螺丝等工具加工并固定，需
要仔细调节水流在标尺架前的位置。（图 5-3-8 至图 5-3-11）。

图 5-3-8　在方木上打孔固定直角钢板尺　　　图 5-3-9　固定好木板

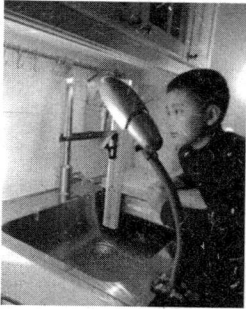

图 5-3-10　调节高度

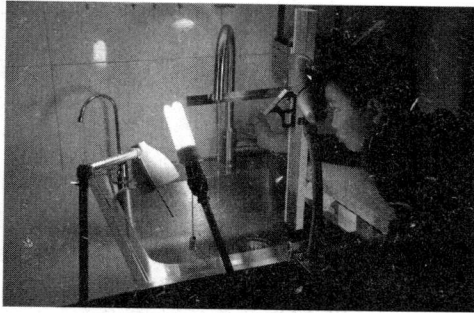

图 5-3-11　最终的安装效果

按照水流粗细不同，水温不同以及变形区发生的位置不同，共计八种情况。设计数据采集表 5-3-1。

表 5-3-1

数据采集表（一）		较细水流				较粗水流			
		直径 D1 (mm)	变形高度 H1 (mm)	球体数	水柱体积 (mm³)	直径 D2 (mm)	变形高度 H2 (mm)	球体数	水柱体积 (mm³)
冷　水 （温度：　℃）	水流根部								
	水流末端								
热　水 （温度：　℃）	水流根部								
	水流末端								

用温度计测量水温

将水杯放置在水龙头下，保持水不断流入，水杯呈溢流状态，使影响水温变化的因素降至最低。

将温度计的玻璃泡置于水杯中间，待温度指示液面稳定后，视线和温度指示液面持平并读数（图 5-3-12）。测得完全冷水和完全热水出水条件下，水的温度分别为 20.0℃ 和 55.0℃。将数据填到表 5-3-1 中。

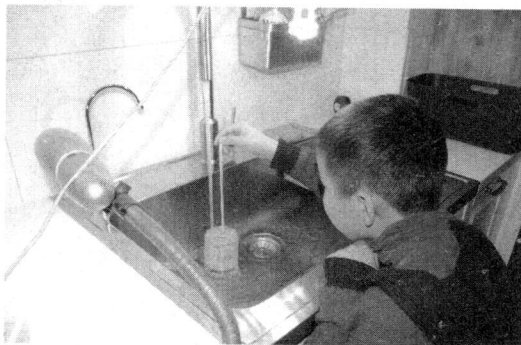

图 5-3-12　测量水温

拍照并采集和处理数据

（1）拍照。按照设计好的内容依次拍照，以能够出现清晰明显的"糖葫芦"为原则，得到一组对比照片（表 5-3-2）。

表 5-3-2

		较细水流	较粗水流
冷水	水流根部（靠近水龙头）		
	水流末端（远离水龙头）		
热水	水流根部（靠近水龙头）		
	水流末端（远离水龙头）		

（2）照片处理。使用几何画板软件粘贴坐标，利用 PPT 中的画线功能对照片进行后期处理，得到一组处理后的对比照片（表 5-3-3）。

表 5-3-3

		较细水流	较粗水流
冷水	水流根部		
	水流末端		
热水	水流根部		
	水流末端		

如图 5-3-13 所示，仔细确定变形段的数据，填入表 5-3-1 中。

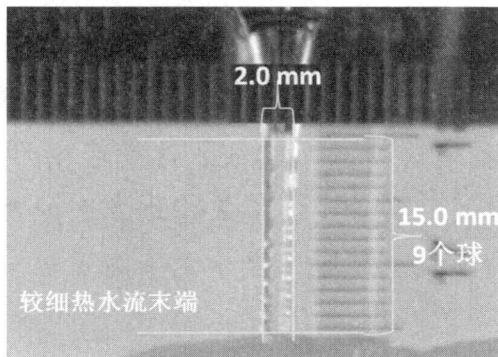

图 5-3-13 变形段数据

（3）数据处理方法和原则如下。

圆柱体的体积：

$$V = \pi r^2 h$$

$$r = D / 2$$

物体的质量、密度和体积的关系：

质量 ＝ 密度 × 体积

密度不变的物体，质量和体积成正比关系。因此对变形段水量的探究就可以简化为对其体积的探究。

采取简化替代原则，将"糖葫芦"段的体积用圆柱体的体积做简化，通过对圆柱体的体积分析替代对"糖葫芦"段的水量分析。

（4）数据样本见表 5-3-4，分析如下。

表 5-3-4

数据采集表（1）		较细水流				较粗水流			
		直径 D_1/mm	变形高度 H_1/mm	球数	水柱体积 /mm³	直径 D_2/mm	变形高度 H_2/mm	球数	水柱体积 /mm³
冷水 （温度：20.0℃）	水流根部	2.1	8.0	3	27.7	3.7	6.0	3	64.5
	水流末端	2.0	12.1	6	38.0	3.6	9.8	4	99.7
热水 （温度：55.0℃）	水流根部	2.1	11.0	5	38.1	2.7	8.0	4	45.8
	水流末端	2.0	15.0	9	47.1	2.7	11.1	6	63.5

● 同一股水流根部和末端所形成的"糖葫芦"变形的水量并不相同，末端水量大于根部水量。主要体现在水流直径变化不明显，但是在末端形成的"糖葫芦球数"明显多于根部，造成末端受阻的变形水量大于根部受阻形成的变形水量。这在 4 组对比数据中均得到证实。因而用"糖葫芦球数"表述水的表面张力是不可行的。

● 相同温度、相同位置（根部或末端），较细水流受阻变形更明显。

四组对比均呈现这一特点。较细水流受阻变形更为明显的规律符合生活中观测到的事实。实际上，如果将水龙头的水量逐渐放大，水量越大，能观测到的变形量就越小，至水龙头的正常出水量，就观测不到任何变形了。

● 相同直径、相同位置时，热水水流受阻变形更明显。4 组对比数据均呈现这一点，这是本次实验的新发现。

在本次实验中，较细热水流末端受阻变形最为显著，其形成的"糖葫芦球"达到 9 个。

探究水滴的体积和质量是否均等，用电子秤和量筒测量 20、50、100、200 滴水的质量和体积，通过平均值法探求每滴水的质量和体积。

（1）设计数据采集表（表 5-3-5）。

表 5-3-5

数据采集表 (2)	20 滴			50 滴			100 滴			200 滴		
量筒质量 /g	测量值 (含量筒)	计算值 (去除量筒)	平均值 (每滴)	测量值 (含量筒)	计算值 (去除量筒)	平均值 (每滴)	测量值 (含量筒)	计算值 (去除量筒)	平均值 (每滴)	测量值 (含量筒)	计算值 (去除量筒)	平均值 (每滴)
质量 /g												
体积 /mL												

（2）打开数字式电子秤，将电子秤的读数归零。将规格为 10mL 的量筒置于电子秤上，测量量筒的质量并记录（图 5-3-14）。

图 5-3-14

（3）接一杯冷水，使用规格为 10mL 的胶头滴管从水杯内取水（胶头在上，管口在下，防止水进入胶头或将胶头中的杂质带入水中）。

从量筒口上方滴入 20、50、100、200 滴水到量筒中（量筒上的刻度是指室温为 20℃ 时桶内液体的体积数，不能用于量取过热的液体，否则量筒发生热膨胀，容积会增大，产生误差）（图 5-3-15）。

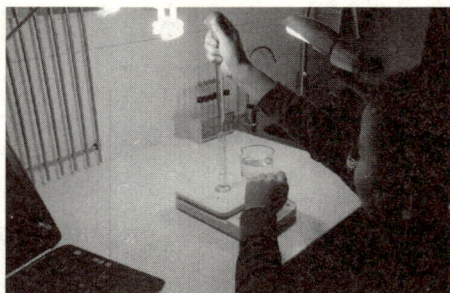

图 5-3-15

（4）期间拍照并读数（用量筒读数时，应把量筒放在平整的桌面上，视线、刻度线与量筒内凹液面的最低处保持水平，再读出量筒内水的体积数）。将数据记录到表 5-3-6 中。

对比下表，得到表 5-3-6。

	20 滴	50 滴	100 滴	200 滴
质量/g				
体积/ml				

表 5-3-6

数据采集表(2)	20 滴			50 滴			100 滴			200 滴		
量筒质量(17.5/g)	测量值(含量筒)	计算值(去除量筒)	平均值(每滴)	测量值(含量筒)	计算值(去除量筒)	平均值(每滴)	测量值(含量筒)	计算值(去除量筒)	平均值(每滴)	测量值(含量筒)	计算值(去除量筒)	平均值(每滴)
质量/g	18.5	1.0	0.05	20	2.5	0.02	22.5	5.0	0.05	27.2	9.7	0.0485
体积/mL	1.0	-	0.05	2.5	-	0.05	4.9	-	0.049	9.7	-	0.0185

（5）数据分析。4 组实验所得的平均值基本相同，均为质量 0.05g 左右，体积 0.05mL 左右。说明水滴的大小是均等的。

用求平均值的方法，被测量的数目越大，平均值应该越接近真实值。如忽略量筒自身的误差，200 滴水的平均值更接近真实值。在当前位置，每滴水的质量是 0.0485g，体积是 0.0485mL。上网查询，与百度文库中提到的"一滴水的体积大约是 0.05mL，质量大约是 0.05g"相吻合。

■ 探究结论

通过多次实验，对糖葫芦状水流变形现象进行探究，发现以下规律。

（1）水流越细，水温越高，受阻而出现变形就越明显。

（2）不同情况下糖葫芦的水量并不相同。

（3）水滴的大小是固定且均匀的，水滴的大小应当和水的表面张力相关。

（4）不能用"糖葫芦球数"表述水的表面张力。

■ 体会与收获

整个实验下来，我感觉自己像一个忙碌的导演兼演员，一会变成小木匠，一会儿变成摄影师，一会变成化学家。角色的转换，让整个实验过程既新奇又有趣。

在实验过程中，我体会到了数码技术对于科学探索的重要性。

数码相机可以将动态的过程固定下来，其数码格式的照片非常方便后期的数据处理；高精度数字式电子秤读数精确、便捷；电脑结合几何画板、Excel、PPT 等软件的应用，令数据分析和导出结论更有效。

我同时也学会了抓住一个问题进行深入思考，通过定量的对比实验、分析数据从而发现规律，提高了动手能力，知道了如何规范使用试验器具，熟悉了数码器材的使用，更增强了我探究科学的兴趣。

收获颇丰！

获奖作品四 利用微信取证治理小广告的探究

■ 我的问题

说起小广告，大家都不陌生，楼道里、电线杆上……到处有各种小广告。而且，小广告里很多都是违法信息。

经我查证，北京市在 2009 年建立了"非法号码警示系统"，用于打击小广告，主要方法是由城管队员拍照取证，或者奖励社区居民取证，录入系统后，由系统对小广告所留电话号码警示，或申请停机。

但是很多年过去了，小广告屡禁不止，症结在于取证效率低、治理费用高。那么，有没有一种效率高、简单易行的取证方法呢？

■ 我的猜想

这时，我想到了手机和微信。现在微信基本已经普及，大多数人使用的数据流量都是包月的，费用很低，如果城管部门设立一个微信公众服务号，就可以接收大家发来的举报信息，各个社区也可以申请自己的微信公众号作为接收平台，志愿者或者保安叔叔见到违法广告时，用手机拍照、然后用微信传输到管理部门的微信平台，管理部门收到信息后通过核实，然后进行相应的处理（比如，由城管大队将违法小广告的电话号码录入"非法号码警示系统"），问题不就解决了吗？

■ 探究方案

选择两部具有微信功能的智能手机（所安装系统不限）、一台可上网的电脑。

将手机中的短信和微信功能应用到违法小广告的取证和号码收集，特别是微信软件的即时通信原理，对小广告电话号码进行随时随地的即时收集，结合城管中心微信平台的建设，将收集和接收、警示、呼叫进行对接。

用手机收集小广告电话号码，需要两部分共同完成，手机端和管理平台。

手机端用于拍摄取证非法小广告照片、录入电话号码并传输到管理平台。他可以是城管队员，可以是社区保安，也可以是普通的志愿者，通过实名认证方式避免虚假收集和恶意举报，将来可以将众多的手机端进行编码以便识别。管理平台是用于接收手机端发来的图片、文字和号码信息，提取的号码输入城管的"非法号码警示系统"，非法小广告被确认后即被停机。管理平台可以是城管部门，也可以是小区物业。

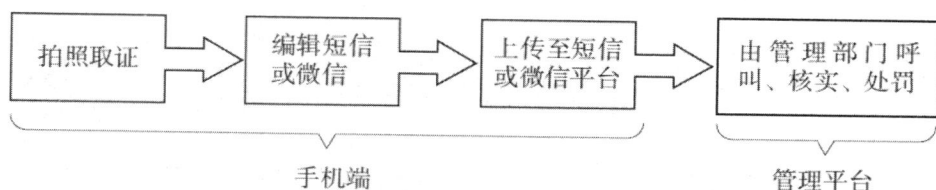

图 5-4-1

在实验阶段，利用微信网页版在电脑上首先建立一个小型社区微信管理平台，用于实验和对比。实验采用 3 类素材（其中：照片 1 张、用于说明拍摄地点的 14 个汉字、11 个数字组成的手机号码 10 组），考虑数据的可重复性，进行 3 组实验，取平均值进行计算。

■ 探究过程

（1）打开电脑，搜索微信网页版，在电脑上出现一个微信二维码。

（2）打开其中一部手机的微信，扫描电脑上的二维码，电脑上就可以登录这部手机的微信网页版，同时在电脑端建立了一个小型的社区微信管理平台。

（3）另一部手机作为取证的手机端使用。

编辑信息速度的对比拍照时，需要对取证地点和取证人情况进行必要说明，以方便后期城管人员核实。因此，信息收集包括：取证人情况、取证地点、照片、详细号码 4 个要点，号码单独录入便于后期系统自动识别和抓取号码，以至于自动呼叫。

图 5-4-2

图 5-4-3

表 5-4-1 是通过实验取得的短信和微信编辑信息的对比数据。

表 5-4-1

收集方式	短信方式	微信方式	备注
文字录入	14 字 /50s	14 字 /50s	用于取证地、取证人信息
号码录入	5s/ 个	5s/ 个	号码录入
图片录入	拍摄即录入	拍摄即录入	用于物证照片
语音录入	不好用，难识别	14 字 /12s；2s/ 号码	用于老年人等不方便输入时

实验说明：在文字编辑方面，微信和短信基本相同。但是，微信还有语音直接录入的功能，十分便捷，特别适于老年人使用。

■传输速度和发送成本的实验

表 5-4-2 是通过实验取得的短信和微信上传速度的对比数据。

表 5-4-2

收集方式	短信方式	微信方式
文字或数字传输	2G 网络，20s/ 条	必须有 3G 网络，即时通讯，0s
图片传输	2G、3G 网络均可；彩信图片 25s/ 张	必须有 3G 网络，图片 10s/ 张

微信具有即时功能，随录随发，快捷而有条理，但微信需要上网。

■综合成本对比

城管现场拍照取证方式，包括交通费、人工费、拍照后还需要人工识别处理，费用无法准确计算，但是，肯定非常之高。

志愿者手工收集方式的成本计算依据:《北京城管治理小广告有"八法"》，计算得到每个号码收集费用也需要 0.10 元／个。

通信费用按照最大消耗 60KB/h 计算，流量费为 0.03 元 /h，微信收集的一组（含照片 1 张，约 14 字左右文字、号码 10 个）按照录入和发送的数据进行计算：

10s（图片）+ 50s（14 字）+ 5s/ 个 ×10 个（号码）= 110s 约 2min/ 组。

如果考虑待机时间，保守效率绝不会超过 10min/ 组（拍照、文字、10 个号码、80% 待机），每个号码的采集成本不超过 0.0005 元。

■探究结论

采用微信取证治理小广告是可行的，在目前所有方式中效率最高，而且有图有文字有号码，非常直观实用。城管"非法号码警示系统"可以直接抓取使用，对于涉及色情、办证、假药、诈骗等信息，一经收集，核实后立即停机。

微信收集成本很低，城管部门设立微信公众号，也几乎是不花钱的，取证成本的降低，使得贴小广告成为一种得不偿失的赔本生意。

鼓励志愿者协助收集并举报违法小广告，唤起全社会环境治理的意识，每个人都参与到首都文明建设中来。

2014 年 12 月 11 日，《北京日报》以《城市小主人献策治理小广告》为题，对我的建议进行了报道；2014 年 12 月 20 日，《关于利用微信取证治理小广告的建议》获得北京市科学建议提名奖。

■ 体会与收获

这次"数码探科学"活动，我在朝阳区绣菊园物业管理处的帮助下进行一些实验，与保安叔叔进行了沟通，发放了调查问卷。特别是数据分析、变量处理方面，在杨老师的指导下学到了很多知识。

做科学探究需要严谨认真的态度和方法，一点不能马虎。而且，方案的设计也得非常全面。通过这次活动，我还学会了与人沟通，如有的人不愿意接受调查，或许觉得我们小学生异想天开。我就想了很多办法，拿出手机来让他们亲自试、发点小礼品，大家就非常配合。

同时，我觉得文明其实也简单。为了我们共同生活的环境更加美好，不要空喊和抱怨，多一点点实际行动。

获奖作品五 视觉暂留时间测定

■ 我的问题

我在地铁隧道中看到一排相似的图画，当列车行驶时图画中的小鱼游动起来了。为什么单个的图画连起来会成为动画呢？妈妈告诉我这是视觉暂留，眼睛看到的图画会保留一段时间，和下一幅图画重叠，鱼就连续动起来了。当列车低速行驶时，我看到的动画还不连续，而列车高速行驶时动画就连续了。

■ 我的猜想

我猜想车速快时，我看到的相邻两幅图像间隔的时间小于视觉暂留的时间，所以图像就连成了动画。电影也是利用了视觉暂留的原理，拍摄时把连续的动作分解成一组组照片，放映时照片在人眼中重叠，又还原成连续影像。

那么视觉暂留有多长时间呢？我在网上搜索了"视觉暂留"。原来视觉暂留现象最早是在 1824 年由英国伦敦大学的教授彼得·马克·罗格特发现的。而中国的"走马灯"是最早的视觉暂留应用。视觉暂留的时间是 0.05 ～ 0.4s，不精确。我要通过试验自己精确测量。

但是，怎么才能测定这么短的时间呢？直接测量肯定不行，来不及反应计时。我想到了定格动画，每秒记录 5 张照片，这样就能测量 0.2s 了。进一步发现，电脑摄像头每秒记录 25 张照片，我可以测量到 0.04s。

图 5-5-1

■ 探究方案

(1) "小鸟入笼"是简单的视觉暂留实验，卡片正面是小鸟，背面是笼子。当卡片转动时鸟和笼交替出现，间隔小于视觉暂留时间就会看到鸟在笼中（见图 5-5-1）。

（2）摄像就是连续拍照，照片放映时人眼可看到连续影像。

用摄像头记录"小鸟入笼"实验过程，得到一组连续照片。当卡片转动速度由慢变快时，出现了"小鸟入笼"现象。

（3）需要视频编辑软件逐帧播放照片。记录鸟照片与笼照片的间隔，就可以算出视觉暂留时间。

数码设备如下。

● 微软 Surface 3 Pro：摄像、编辑 PPT。
● Movie edit touch 软件：视频编辑、回放。

■ 探究过程

制作小鸟入笼道具

剪裁一张 4cm×3cm 白色卡片，对折成 2cm×3cm 双层，以便固定转动轴。正面贴鲜艳甲壳虫图片代替小鸟，背面用黑色粗笔画一个笼子。卡片两层之间穿过一个牙签作为转动轴，将卡片两面用胶水粘好，牙签插入铅笔芯。

双手转动铅笔，由慢到快。慢时甲壳虫和笼子是分离的，快时甲壳虫和笼子重叠，即"小鸟入笼"。在室内灯光照明下，用摄像头记录实验过程。

在电脑上用视频编辑软件从正常速度回放试验录像，找到出现"小鸟入笼"现象的时间段，记录此时甲壳虫照片和笼子照片在录像时间轴的位置。同样记录慢速转动没有出现"小鸟入笼"现象时间段甲壳虫照片和笼子照片的时间轴位置，共记录 3 组不同速度的数据。

数据采集

采集的 3 组数据见表 5-5-1。

表 5-5-1　"小鸟入笼"实验录像照片在时间轴的位置

	甲壳虫照片	笼子照片	间隔照片数	间隔时间 /s	是否"小鸟入笼"
慢速	$00:10^{23}$	$00:11^{01}$	3	0.12	×
中速	$00:15^{04}$	$00:15^{06}$	2	0.08	√
快速	$00:02^{09}$	$00:02^{10}$	1	0.04	√

数据分析

慢速时,没有"小鸟入笼";中速时,刚出现"小鸟入笼";快速时,已经"小鸟入笼"。

00:10^{23} (分: 秒^{序号})

序号表示每秒中的 0 ~ 24 张,即每 2 张间隔 1/25 s 或 0.04s。

以中速为例,甲壳虫照片中 00:15^{04} 的意义是 0 分 15 秒第 4 张 (即 4/25 s),如图 5-5-2 (a) 所示;笼照片中 00:15^{06} 的意思是 0 分 15 秒第 6 张 (即 6/25 s),如图 5-5-2 (c) 所示。中间是卡片侧面照片,00:15^{05} 如图 5-5-2 (b) 所示。

两张照片的间隔时间 = 0:15 6/25 s − 0:15 4/25 s = 2/25 s = 0.08s。

即 0.04s×2 帧 = 0.08s。

同样,慢速时的时间间隔是:

0.04s×3 帧 = 0.12s 或 11 1/25 s − 10 23/25 s = 3/25 s。

快速时的时间间隔是:

0.04s×1 帧 = 0.04s 或 2 10/25 s − 2 9/25 s = 1/25 s。

中速和快速都发生了"小鸟入笼"现象,但中速时间间隔长,也就是视觉暂留最长时间为 0.08s。

■ 探究结论

根据实验,我得到视觉暂留时间

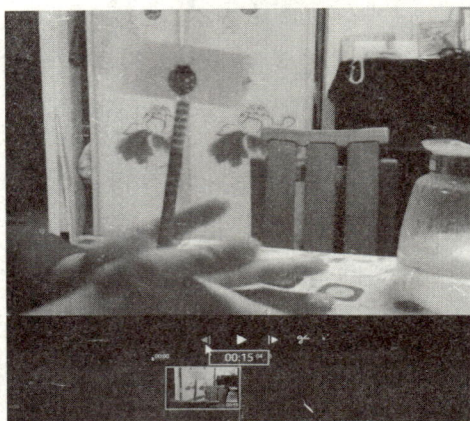

(a) 甲壳虫照片 (黄框内时间 00:15^{04})

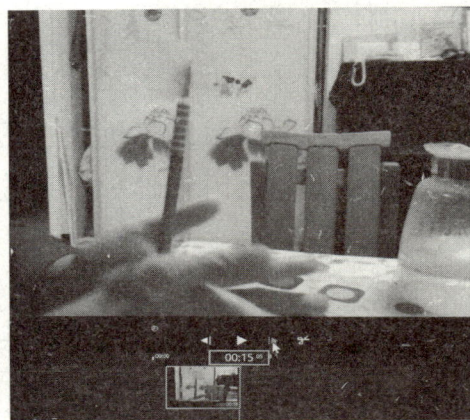

(b) 卡片侧面照片 (黄框内时间 00:15^{05})

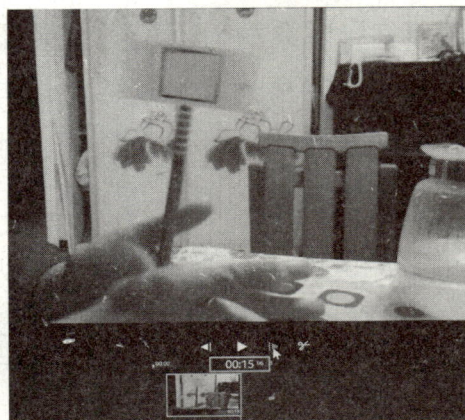

(c) 笼照片 (黄框内时间是 00:15^{06})

图 5-5-2 记录"小鸟入笼"

是 0.08s，由于录像速度是 0.04s/ 帧，所以误差为 ±0.04s，也就是 0.04 ~ 0.12s。我的结果比已知数值 0.05 ~ 0.4s 更精确。视觉暂留的意义是让人们可以看到连续的影像，如电影和动画，所以电影每秒钟至少要放映 12.5 帧，人才能看到连续影像。目前，普通电影是 24 帧 /s。

■ 体会与收获

通过这次比赛，我学会了从生活中发现问题。许多科学的奥秘就在我们身边，等待有心人发现。我也学会了设计科学实验的基本方法，进一步熟练掌握了摄像和视频编辑软件的使用。试验结果在想象之中，也出乎意料，0.08s 接近已知道的数值范围下限，那么 0.4s 应该是不准确的。实验中的手动速度不稳定，改为机械转动应更好。

如果提高摄像速度，如 50 帧 /s，就可以精确到 0.02s。父母的评价：试验内容简单有趣，用到了已经学过的知识，巧妙地解决了精确测量时间的问题。

获奖作品六 足球比赛中大禁区附近射门最佳方式的探究

■ 我的问题

我自幼儿园开始练足球，主要踢前锋的位置。我发现，在激烈的比赛中，当带球至对方大禁区起脚时，我选择的射门方式是下意识的。有的时候可以顺利破门，但多数情况下，皮球会被守门员轻松擒获，我只能为错失良机而扼腕叹息。

看那些世界级前锋的精彩射门，有的是大力抽射，有的是过顶挑射，有的是十分怪异的弧线球，守门员往往对此无能为力。那么，我的问题来了：在大禁区附近，到底哪种射门方式最有攻击力呢？

■ 我的猜想

根据我的经验，离球门很近的时候对方后卫防守严密，常常一出脚就被破坏了；离球门较近的时候对方守门员盯梢严密，大力射门比较容易得手；离球门较远时，不仅要大力射门，还要想方设法骗过守门员。因此我猜想，能否破门取决于射门速度和射门路线两个因素。

常用的 4 种射门方式：平射、抽射、挑射和弯刀球，每种射门方式的速度和路线都不同。那么在距球门不同距离时，不同射门方式的攻击力是一样的吗？

■ 探究方案

（1）设定 3 种射门距离：6m、9m 和 12m，分别代表大禁区附近射门点离球门非常近、一般近、比较远；设定 4 种射门方式：平射、抽射、挑射、弯刀球。探究 3 种距离下 4 种射门方式的攻击力，总共 12 组实验。

（2）评分标准：根据经验，并上网查阅相关资料，设定球速和路线对于破门的贡献大致分别占 0.75 和 0.25，进而 12 种方式的射门方式评分计算公式如下：

总得分 = 射门速度得分 ×75%+ 射门路线得分 ×25%。

射门速度得分：采取相对评分的计算方式，设定最低速度得分为 60 分，最高速度得分为 90 分，其他速度得分利用插值法计算。

射门路线得分：根据射门的隐蔽性来判断，弯刀球 > 抽射 > 挑射 > 平射，评分分别为 90 分、80 分、70 分、60 分。

（3）视频拍摄地点不能太近，也不能太远，以屏幕能够完整包括球门和射门动作为好，同一种射门距离下的视频拍摄地点要固定不变。

（4）分别拍摄 12 种射门场景的视频，每种拍摄 3～5 次，选取最好的一次作为探究范本。

（5）运用 QQ 音影截取 1s 标准视频画面，这 1s 的视频包含了射门起脚到球射入球门的完整过程。将这 1s 的标准视频通过 QQ 影音工具的视频连拍功能分解为 8 张连续动作的照片，每张照片的时间间隔是 1／8 s。

（6）运用几何画板软件分析计算连拍分解照片，射门点离球门的距离是已知的，这样就可以计算球入球门的两个最短时间间隔内的距离，进而计算球的射门速度，再采用上面说的入球门速度计算方式就可以计算出 12 种射门情况下的速度得分。

（7）采用总得分计算公式计算 12 种射门的总得分，得分最高的射门方式评为最佳射门方式。

（8）数码设备选用：数码相机、计算机、几何画板软件。

■ 探究过程

拍　摄

（1）测定距离球门 6m、9m、12m 的标识点，以便定点射门（图 5-6-1）。

（2）调整和选择视频拍摄地点，侧面顺光拍摄为佳（见图 5-6-2）。

图 5-6-1　　　　　　　　　　图 5-6-2

（3）拍摄者发令，球员开始射门（见图5-6-3）。

依次对距离球门6m、9m及12m处的4种射门方式进行拍摄。

精选优质视频，确定3种距离下4种射门的视频片段进行分析（图5-6-4）。

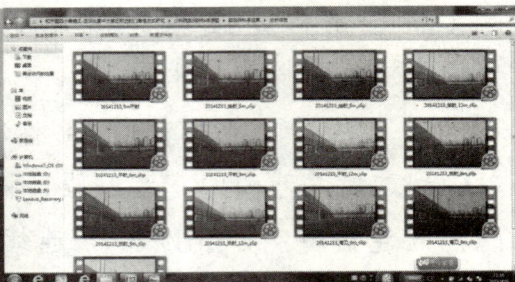

图5-6-3　　　　　　　　图5-6-4

截取视频

（1）点击QQ影音工具图标，选取"截图"（图5-6-5）。

（2）调整游标，截取1s的完整射门动作视频（图5-6-6）。

（3）点击左边"预览"图标，看图像是否包含完整射门动作（图5-6-7）。

（4）点击保存，将截取的1s视频保存在文件目录中（图5-6-8）。

图5-6-5　　　　　　　　图5-6-6

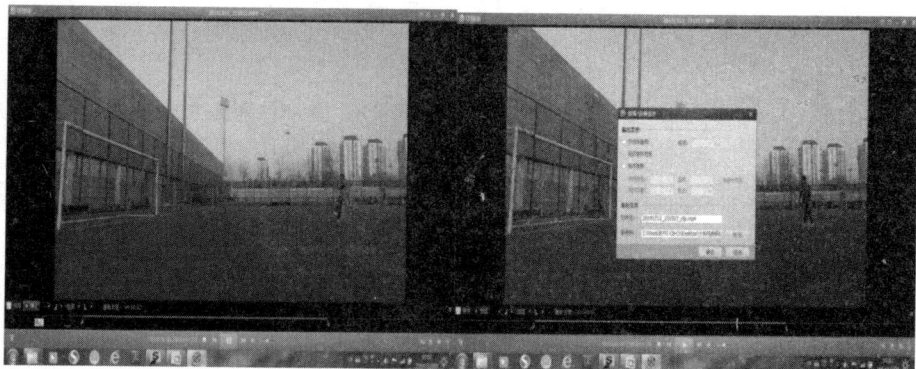

图 5-6-7　　　　　　　　图 5-6-8

拍分解

（1）分解对象：上一步制作的 1s 标准截图视频（图 5-6-9）。

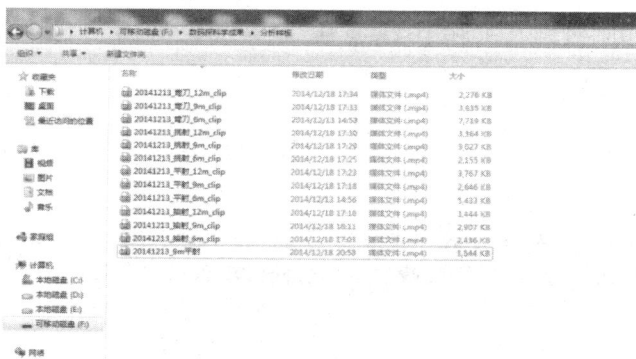

图 5-6-9

（2）选择 QQ 影音工具箱，选择"连拍"功能（图 5-6-10）。

图 5-6-10

（3）点击"保存"按钮，设置存储选项为 8 行 1 列。注意，要输入保存的文件名，方便查找（图 5-6-11）。

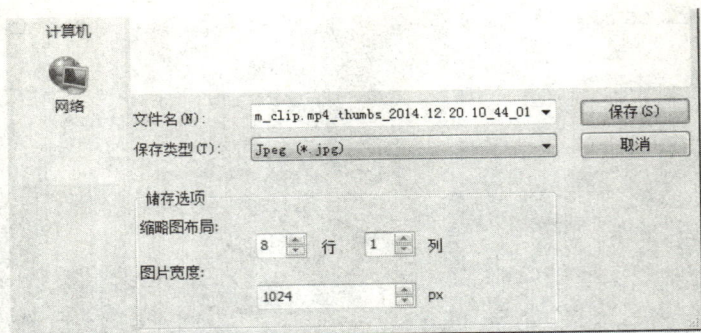

图 5-6-11

测距离

(1) 选择球入门最近的 A 点和 B 点。

(2) 计算球入门点 A 和 B 的图像距离。

(3) 计算射门点 C 和球门点 D 的图像距离，CD 点的实际距离已知：6m、9m、12m。

(4) 计算图像的比例尺：CD 点实际距离／CD 点图像距离（图 5-6-12）。

图 5-6-12

计算速度

(1) 计算 AB 点的实际距离：AB 点图像距离 × 比例尺。

(2) 计算 AB 点的实际速度：AB 点图像距离 ×8×3.6，单位为 km/h。

以此类推，计算得到 12 种情况下的速度（表 5-6-1）。

表 5-6-1　12 种情况下的球速

射门方式	射门点距离 /m	球入门速度 / (km/h)
平射	6	71.2
抽射	6	54.18
挑射	6	31.63
弯刀球	6	41.16
平射	9	77.33
抽射	9	77.56
挑射	9	31.96
弯刀球	9	42.58
平射	12	55.11
抽射	12	63.13
挑射	12	40.6
弯刀球	12	79.07

计算速度得分

速度得分计算规则：设定最低速度得 60 分，最高速度得 90 分，中间速度采用插值法。计算得到的球速得分见表 5-6-2。

表 5-6-2　12 种情况下的球速得分

射门方式	射门点距离 / m	球入门速度 / (km/h)	射门球速得分
平射	6	71.2	85.02
抽射	6	54.18	74.26
挑射	6	31.63	60.00
弯刀球	6	41.16	66.03
平射	9	77.33	88.90
抽射	9	77.56	89.05
挑射	9	31.96	60.21
弯刀球	9	42.58	66.92
平射	12	55.11	74.85
抽射	12	63.13	79.92
挑射	12	40.6	65.67
弯刀球	12	79.07	90.00

设定路线得分

根据射门的隐蔽性来判断，弯刀球 > 抽射 > 挑射 > 平射，设定分值分别为：90 分、80 分、70 分、60 分，见表 5-6-3。

表 5-6-3　射门路线得分

射门方式	特点	射门路线得分
平射	线路直	60
抽射	线路先上后下	80
挑射	线路稍有起伏	70
弯刀球	线路呈曲线	90

计算综合得分

总得分 = 射门速度得分 × 75% + 射门路线得分 × 25%

12 种情况的综合得分见表 5-6-4。

表 5-6-4　12 种情况的综合得分

射门方式	射门点距	射门球速得分 离 /m	射门路线得分	综合得分	排序
平射	6	85.02	60	78.77	1
抽射	6	74.26	80	75.70	2
挑射	6	60	70	62.50	4
弯刀球	6	66.03	90	72.02	3
平射	9	88.9	60	81.68	2
抽射	9	89.05	80	86.79	1
挑射	9	60.21	70	62.66	4
弯刀球	9	66.92	90	72.69	3
平射	12	74.85	60	71.14	3
抽射	12	79.92	80	79.94	2
挑射	12	65.67	70	66.75	4
弯刀球	12	90	90	90.00	1

■ 探究结论

通过计算综合得分，选取综合得分最高的为最优射门方式，不难得出如下结论。

（1）在 6m 范围内射门，平射为最佳射门方式。

（2）在 9m 范围内射门，抽射为最佳射门方式。

（3）在 12m 范围内射门，弯刀球为最佳射门方式。

（4）挑射的速度最低，一般只有在守门员站位非常靠前的时候才有杀伤力。

■ 体会与收获

这次科学探究活动对我的考验和锻炼极大，我以前不太习惯以实验的方式来验证想法，所幸这次活动比较新颖，促使我可以从足球比赛中大禁区附近射门最佳方式的探究发挥想象。通过这次科学探究活动，我学习了视频测量速度的方法，

也学会了使用几何画板软件。更重要的是，我发现科学实验探究其实并不无聊，相反还非常有趣。

演讲之前我感觉有些紧张，好在通过演练我发现，我对足球射门和测量原理还是比较熟悉的，自然发挥就好。最后上台的时候我果然克服了紧张和害怕感，成功后的喜悦让我更充分地享受到了探究的快乐，我在情绪控制和能力锻炼方面的收获不比从知识方面的收获少。

当然，我在探究中也碰到了困难，比如在图像处理中无法准确在球门线下面选择点的位置，因为图像拍摄的角度不同，点的位置应该也不同。在寒冷的天气下，反复试验射门动作近两小时，凛冽的寒风不断考验着我，每段视频都是多次失败后成功的。

获奖作品七 轮胎花纹对摩擦力的影响

■ 我的问题

放学了，我们一起在街心花园玩自行车漂移。在玩的过程中，我们发现相同的两辆自行车漂移起来效果差距非常大，到底是怎么回事呢？仔细观察，发现两辆自行车的轮胎花纹不一样，其中一辆车的后轮胎的花纹基本都磨平了。那么，轮胎花纹的深浅对摩擦力的大小是否有影响，影响到底有多大呢？

■ 我的猜想

轮胎花纹的主要作用是增加轮胎接触面的粗糙程度，增加胎面与路面间的摩擦力，防止车轮打滑。

（1）轮胎花纹的深浅、粗糙程度与地面接触时的摩擦力是不是有关系呢？

（2）相同花纹的轮胎，如果与地面接触时宽窄、长短不一样，摩擦力是不是也应该不一样呢？

■ 探究方案

（1）方案一：选用不同花纹的轮胎进行摩擦力测试，证明不同花纹轮胎在相同的地面条件下具有不同的摩擦力。

（2）方案二：选用相同花纹但宽窄不同的轮胎进行摩擦力测试，轮胎花纹对摩擦力的影响证明相同花纹轮胎接触地面的面积不同，摩擦力也不同。

（3）方案三：通过真实骑行，验证实验结果的正确性。

■ 探究过程

方案一

裁剪花纹较浅的轮胎两片，固定在测力器上，然后在平滑的地面和较粗糙的地面分别进行摩擦力测试（图5-7-1）；取5组数据并记录（表5-7-1），取有效数据，计算平均值。然后，再裁剪花纹较深的轮胎两片，重复上面的操作过程。

方案二

裁剪花纹很深的轮胎一片，固定在测力器上，然后在平滑的地面和较粗糙的地面分别进行摩擦力测试（图 5-7-2）；取 5 组数据并记录（表 5-7-2），取有效数据，计算平均值。然后，再裁剪相同花纹的轮胎一片，但是轮胎较窄和较短，重复上面的操作过程。

图 5-7-1　　　　　　图 5-7-2

表 5-7-1　方案一的摩擦实验数据（单位：N）

实验条件		第 1 组	第 2 组	第 3 组	第 4 组	第 5 组	平均值
光滑轮胎	粗（地面）	2.80	2.81	2.96	1.60	2.67	2.81
	光（地面）	2.10	2.13	2.41	1.50	1.84	2.12
粗糙轮胎	粗（地面）	3.02	3.23	4.21	3.24	3.39	3.22
	光（地面）	2.10	2.25	2.41	1.53	2.60	2.34

备注：红色为无效数据

表 5-7-2　方案 2 的摩擦力实验数据（单位：N）

实验条件		第 1 组	第 2 组	第 3 组	第 4 组	第 5 组	平均值
宽大轮胎	粗（地面）	3.89	4.08	3.96	4.16	4.16	4.05
	光（地面）	2.51	2.79	2.62	1.90	2.52	2.61
窄短轮胎	粗（地面）	3.52	3.63	3.58	3.48	3.34	3.51
	光（地面）	1.56	2.25	2.11	2.28	2.24	2.22

备注：红色为无效数据

表 5-7-3　摩擦力实验数据（单位：N）

实验条件	光滑轮胎（轮胎面积相同）	粗糙轮胎（轮胎面积相同）	宽大轮胎（花纹相同）	窄短轮胎（花纹相同）
粗（地面）	2.81	3.22	4.05	3.51
光（地面）	2.12	2.34	2.61	2.22

方案三

两辆品牌相同的自行车，但是车胎磨损程度不同（图5-7-3）。

图 5-7-3

以相同的速度骑行，然后大力刹车，测量刹车距离，比较不同。这个方案需要借助数码摄像机、数码相机来测量骑行速度和刹车距离。

通过视频分析可以看出，从第0s开始骑行，记录时间和起始参照物（图5-7-4）。

通过视频分析可以看出，从第4s开始刹车，通过视频可标出刹车开始时的标志物（图5-7-5）。

图 5-7-4   图 5-7-5

通过视频分析可以看出，从第4s开始刹车，刹车时间2s，通过视频可清晰标出自行车彻底停下时的参照物和时间（图5-7-6）。通过参照物可测出骑行距离（图5-7-7）。

通过参照物可测出刹车距离（图5-7-8）。实验数据见表5-7-4所示。

图 5-7-6　　　　　　　　图 5-7-7

图 5-7-8

表 5-7-4　方案三的实验数据表

实验条件	项目	视频记录时间 /s	骑行距离 /m	骑行速度 [1]/(m/s)	刹车距离 [2]/m
磨损严重	数据一	4.00	8.00	2.00	2.50
	数据二	3.50	7.90	2.20	2.80
	数据三	5.00	12.00	2.40	3.00
花纹正常	数据一	3.20	9.00	2.80	2.40
	数据二	4.00	8.20	2.05	2.00
	数据三	4.80	11.00	2.20	2.20

1) 利用视频回看，根据 $V=S/t$ 估算。

2) 利用视频回看，刹车距离以后轮停止滚动改为平滑移动的那一刻开始计时，到车辆完全停止为止。在此期间参考标志位之间的距离。

问题　实验中测量速度采用的方法是总距离除以时间，但是考虑到实际上自行车是零速起步，有一个加速过程，这样的估算误差有些大。虽然两次实验的车速差距不会很大，但是这种处理方式还是不够严谨。

改进　测量刹车前的瞬间速度。

方案三的改进

借用影音播放器播放视频时，拖到离刹车前大概 1s 的时刻暂停。

随后通过逐帧播放功能，计算出比较精确的时间。

在听到视频中的刹车声音点时，向前拖1s后暂停，按F键实现逐帧播放功能。按一下F键，前进一帧（所用视频是按25帧/s拍摄的，所以每按一下F，就是前进了1／25 s）。然后记下按F的次数，直到后轮开始抱死打滑为止（图5-7-9）。

逐帧播放

00:00:03/00:00:09　　刹车开始前一秒

00:00:04/00:00:09　　刹车开始时间

图 5-7-9

后轮抱死打滑是骑行结束、刹车开始的标志，通过视频可清晰看到（图5-7-10）。

以前轮辐条上的反光条为标记，记下按F键逐帧播放的过程中轮子转了几圈，然后根据轮子的周长得到行驶距离（图5-7-11）。方案三改进后的实验数据见表5-7-5。其中，车轮的周长为2.07m。

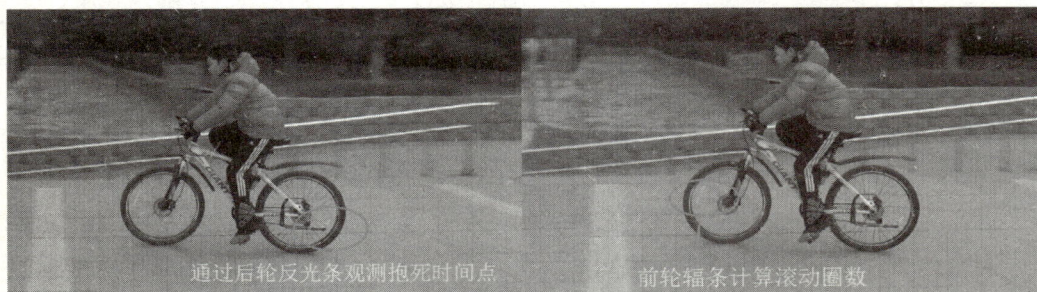

通过后轮反光条观测抱死时间点　　　　前轮辐条计算滚动圈数

图 5-7-10　　　　图 5-7-11

表 5-7-5　方案三改进后的实验数据表

实验条件		按 F 键的次数 F	骑行时间 t/s	轮子滚动的圈数 n	骑行距离 S/m	骑行速度 V/（m/s）	刹车距离 /m
磨损严重	数据一	30	1.20	2.60	3.12	2.60	2.50
	数据二	31	1.24	2.80	3.47	2.80	2.80
	数据三	32	1.28	3.00	3.84	3.00	3.00
花纹正常	数据一	34	1.36	3.00	4.08	3.00	2.40
	数据二	28	1.12	2.40	2.69	2.40	2.00
	数据三	32	1.28	2.60	3.33	2.60	2.20

1）骑行时间 $t=F×$ 每按一次 F 前进的秒数（即 $1/25$ S）。
2）骑行距离 $S=n×$ 车轮周长 2.07m。
3）骑行速度 $V=S/t$。

方案三的两种测试方法的速度对比见表 5-7-6。

表 5-7-6

磨损严重	第一组骑行速度 V/(m/s)	第二组骑行速度 V/(m/s)	花纹正常	第一组骑行速度 V/(m/s)	第二组骑行速度 V/(m/s)
数据一	2.00	2.60	数据一	2.80	3.00
数据二	2.20	2.80	数据二	2.05	2.40
数据三	2.40	3.00	数据三	2.20	2.60

■ 探究结论

（1）轮胎面积相同，花纹密、粗糙的轮胎摩擦力大于花纹浅、光滑的轮胎。

（2）花纹相同，轮胎着地面积大的摩擦力大。

（3）方案三的第二组数据，最后 1s 内将车子视为匀速运动，算出车子的速度作为其刹车前的瞬时速度，这比第一组直接将整个过程视为匀速的方法更合理，并且误差更小。

在骑行速度接近的条件下，轮胎磨损严重的自行车的刹车距离要明显长于轮胎花纹正常的自行车。

通过互联网查询，我们知道摩擦力是两个物体接触面上的分子间的内聚引力所引起的。摩擦力的大小取决于摩擦因数，同时也与接触面积有一定关系。在一般情况下，实际接触面积又与表面上的正压力成正比，所以，摩擦力与正压力成正比，这正是中学物理课本中的摩擦力公式 $f = \mu N$。摩擦因数 μ 又因实际的材料不同而不同，花纹深的摩擦因数比较大。

■ 体会与收获

这次"数码探科学"活动使我们收获很大，借助于数码设备进行科学探究不仅有趣，而且使探究分析过程更严谨。比如，方案三的测试就借助了数码摄像机，通过记录时间点、标注参照物，比较精确地计算出骑行速度。另外，对于刹车距离的计算，仅仅靠我们的眼睛观察是不准确的，也借助数码设备进行参照物确认。

通过这次科学实验，我们知道了轮胎花纹对安全性非常重要。当自行车（也包括汽车）轮胎花纹磨平的时候，要及时更换，否则刹车时摩擦力减小，刹车距离长，会有危险。另外，我们在城市公路和山地骑行时，要选择轮胎花纹和宽窄都不同的公路赛车和山地车，这样骑起来才能更舒适、安全。这也是这次活动给我们实际生活带来的最大收获。

另外，感谢我们学校的吕老师给予的指导，也感谢父母的帮助。

获奖作品八 对人脸黄金比例是否会遗传的探究

■我的问题

在学校的课堂上，我们学习了有关人的遗传的知识，知道了遗传是生物的特征之一，人的性状就是可以遗传的。与此同时，我们在"数字科学家"课程中第一次接触到了"黄金比例"的概念。老师教我们如何使用几何画板软件测量自己家人或自己喜欢的明星的脸部黄金比例。为了能够使课堂上学到的知识与实际生活相联系，我们通过猜想、设计和实践，特别制作了一个别出心裁的小实验，即将人类遗传与脸部黄金比例知识相联系，探究人脸部的黄金比例是否会遗传。

■ 我的猜想

人脸部的黄金比例是否会遗传呢？我们猜想，父母的黄金比例应该是可以遗传给孩子的，所以父母的黄金比例与孩子可能是相似的。

■ 探究方案

资料准备

（1）采集熟人全家和从网上搜索来的明星全家的照片。为了避免误差与偶然性，让结论更准确，所以采集了共 20 组照片（一家三口为一组）。其中有李湘全家、张家辉全家、金龟子全家、李咏全家、孙俪全家、王宝强全家、赵薇全家、朱迅全家、田亮全家、谢霆锋全家、成龙全家、林青霞全家、莫文蔚全家、杨幂全家及巩汉林全家。

（2）黄金比例就是人的相貌符合双眼间距离约占脸宽的 0.42 ~ 0.46；眼睛到嘴的距离占脸长的 0.33 ~ 0.36。符合这两个比例的人看上去显得更好看，更顺眼。

（3）黄金比例的公式如下（因为比例是不变的，所以屏幕上的比和实际的比相同）。

双眼间距：脸宽 ＝ 几何画板测出的屏幕双眼间距 ÷ 屏幕脸宽

眼嘴距离：脸长 ＝ 几何画板测出的屏幕眼嘴距离 ÷ 屏幕脸长

探究步骤

（1）使用电脑、照相机、iPad 获得照片。

（2）在几何画板上将父母和孩子的脸部照片按黄金比例公式计算出黄金比例，看看是否相似，能否符合黄金比例遗传的观点。

（3）用 Excel 制作表格，以便更清楚地判断。表格包括孩子、妈妈、爸爸的双眼与脸宽比（A）、眼嘴距离与脸长比（B）、孩子 A－妈妈 A（爸爸 A）、孩子 B－妈妈 B（爸爸 B）、更像谁（A）、更像谁（B）。

（4）根据表格制作统计图，比对观察，判断人脸黄金比例是否会遗传。

数码设备选用

电脑（几何画板、Excel）、照相机、iPad。

■ **探究过程**

（1）计算每个家庭爸爸、妈妈和孩子的脸部黄金比例（图 5-8-1），并将数据填进表 5-8-1。

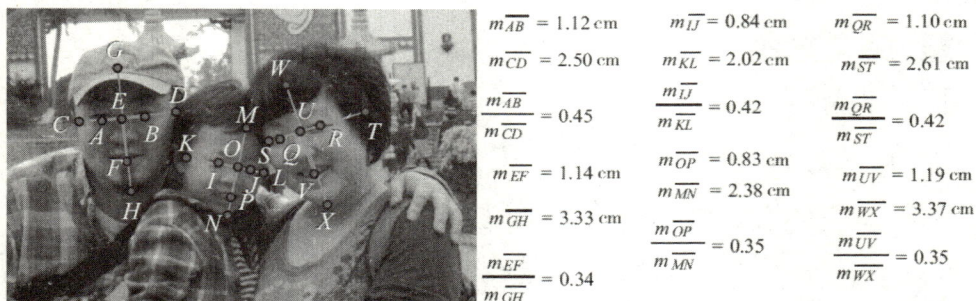

$$m\overline{AB} = 1.12 \text{ cm} \qquad m\overline{IJ} = 0.84 \text{ cm} \qquad m\overline{QR} = 1.10 \text{ cm}$$
$$m\overline{CD} = 2.50 \text{ cm} \qquad m\overline{KL} = 2.02 \text{ cm} \qquad m\overline{ST} = 2.61 \text{ cm}$$
$$\frac{m\overline{AB}}{m\overline{CD}} = 0.45 \qquad \frac{m\overline{IJ}}{m\overline{KL}} = 0.42 \qquad \frac{m\overline{QR}}{m\overline{ST}} = 0.42$$
$$m\overline{EF} = 1.14 \text{ cm} \qquad m\overline{OP} = 0.83 \text{ cm} \qquad m\overline{UV} = 1.19 \text{ cm}$$
$$m\overline{GH} = 3.33 \text{ cm} \qquad m\overline{MN} = 2.38 \text{ cm} \qquad m\overline{WX} = 3.37 \text{ cm}$$
$$\frac{m\overline{EF}}{m\overline{GH}} = 0.34 \qquad \frac{m\overline{OP}}{m\overline{MN}} = 0.35 \qquad \frac{m\overline{UV}}{m\overline{WX}} = 0.35$$

图 5-8-1

表 5-8-1 家庭孩子与父母的脸部黄金比例

测量对象		双眼与脸宽比（A）	眼嘴距离与脸长比（B）
第1组	孩子	0.52	0.34
	妈妈	0.53	0.33
	爸爸	0.47	0.38

（2）以此类推，计算 20 组家庭所有爸爸、妈妈及孩子的脸部黄金比例，并填进表 5-8-2。

表 5-8-2　20 组家庭孩子与父母的脸部黄金比

测量对象		双眼与脸宽比（A）	眼嘴距离与脸长比（B）
第 1 组	孩子	0.52	0.34
	妈妈	0.53	0.33
	爸爸	0.47	0.38
第 2 组	孩子	0.49	0.37
	妈妈	0.46	0.36
	爸爸	0.5	0.43
第 3 组	孩子	0.43	0.33
	妈妈	0.46	0.37
	爸爸	0.46	0.4
第 4 组	孩子	0.42	0.35
	妈妈	0.42	0.35
	爸爸	0.45	0.34
第 5 组	孩子	0.53	0.33
	妈妈	0.5	0.37
	爸爸	0.41	0.46
第 6 组（李湘）	孩子	0.42	0.29
	妈妈	0.39	0.29
	爸爸	0.45	0.32
第 7 组（张家辉）	孩子	0.37	0.28
	妈妈	0.4	0.31
	爸爸	0.41	0.35
第 8 组（金龟子）	孩子	0.48	0.32
	妈妈	0.43	0.3
	爸爸	0.44	0.33
第 9 组（李咏）	孩子	0.37	0.31
	妈妈	0.34	0.29
	爸爸	0.38	0.38
第 10 组（孙俪）	孩子	0.42	0.29
	妈妈	0.39	0.33
	爸爸	0.4	0.29
第 11 组（王宝强）	孩子	0.45	0.3
	妈妈	0.43	0.32
	爸爸	0.43	0.44
第 12 组（赵薇）	孩子	0.39	0.34
	妈妈	0.4	0.31
	爸爸	0.47	0.37
第 13 组（朱迅）	孩子	0.48	0.27
	妈妈	0.47	0.3
	爸爸	0.44	0.33
第 14 组（田亮）	孩子	0.47	0.36
	妈妈	0.48	0.37
	爸爸	0.41	0.45

测量对象		双眼与脸宽比（A）	眼嘴距离与脸长比（B）
第 15 组（谢霆锋）	孩子	0.49	0.36
	妈妈	0.45	0.36
	爸爸	0.45	0.42
第 16 组（成龙）	孩子	0.45	0.38
	妈妈	0.5	0.39
	爸爸	0.45	0.38
第 17 组（林青霞）	孩子	0.44	0.3
	妈妈	0.43	0.33
	爸爸	0.42	0.36
第 18 组（莫文蔚）	孩子	0.41	0.35
	妈妈	0.38	0.35
	爸爸	0.48	0.32
第 19 组（杨幂）	孩子	0.38	0.35
	妈妈	0.34	0.31
	爸爸	0.39	0.31
第 20 组（巩汉林）	孩子	0.46	0.33
	妈妈	0.47	0.31
	爸爸	0.43	0.3

（3）计算：利用 Excel 分别计算孩子脸部黄金比例与父母的差值，并根据差值分析与谁更接近，从而判断孩子脸部的黄金比例是更像爸爸、还是更像妈妈，或是既像爸爸又像妈妈（表 5-8-3）。

表 5-8-3　计算 20 组家庭孩子与父母的脸部黄金比例

测量对象		双眼与脸宽比（A）	眼嘴距离与脸长比（B）	孩子A − 妈妈A（爸爸A）	孩子B − 妈妈B（爸爸B）	更像谁（A）	更像谁（B）
第 1 组	孩子	0.52	0.34			像妈妈	像妈妈
	妈妈	0.53	0.33	− 0.01	0.01		
	爸爸	0.47	0.38	0.05	− 0.04		
第 2 组	孩子	0.49	0.37			像爸爸	像妈妈
	妈妈	0.46	0.36	0.03	0.01		
	爸爸	0.5	0.43	− 0.01	− 0.06		
第 3 组	孩子	0.43	0.33			像妈妈和爸爸	像妈妈
	妈妈	0.46	0.37	− 0.03	− 0.04		
	爸爸	0.46	0.4	− 0.03	− 0.07		
第 4 组	孩子	0.42	0.35			像妈妈	像妈妈
	妈妈	0.42	0.35	0	0		
	爸爸	0.45	0.34	− 0.03	0.01		

测量对象		双眼与脸宽比（A）	眼嘴距离与脸长比（B）	孩子A－妈妈A（爸爸A）	孩子B－妈妈B（爸爸B）	更像谁（A）	更像谁（B）
第5组	孩子	0.53	0.33			像妈妈	像妈妈
	妈妈	0.5	0.37	0.03	－ 0.04		
	爸爸	0.41	0.46	0.12	－ 0.13		
第6组（李湘）	孩子	0.42	0.29			像妈妈和爸爸	像妈妈
	妈妈	0.39	0.29	0.03	0		
	爸爸	0.45	0.32	－ 0.03	－ 0.03		
第7组（张家辉）	孩子	0.37	0.28			像妈妈	像妈妈
	妈妈	0.4	0.31	－ 0.03	－ 0.03		
	爸爸	0.41	0.35	－ 0.04	－ 0.07		
第8组（金龟子）	孩子	0.48	0.32			像爸爸	像爸爸
	妈妈	0.43	0.3	0.05	0.02		
	爸爸	0.44	0.33	0.04	－ 0.01		
第9组（李咏）	孩子	0.37	0.31			像爸爸	像妈妈
	妈妈	0.34	0.29	0.03	0.02		
	爸爸	0.38	0.38	－ 0.01	－ 0.07		
第10组（孙俪）	孩子	0.42	0.29			像爸爸	像爸爸
	妈妈	0.39	0.33	0.03	－ 0.04		
	爸爸	0.4	0.29	0.02	0		
第11组（王宝强）	孩子	0.45	0.3			像妈妈和爸爸	像妈妈
	妈妈	0.43	0.32	0.02	－ 0.02		
	爸爸	0.43	0.44	0.02	－ 0.14		
第12组（赵薇）	孩子	0.39	0.34			像妈妈	像妈妈和爸爸
	妈妈	0.4	0.31	－ 0.01	0.03		
	爸爸	0.47	0.37	－ 0.08	－ 0.03		
第13组（朱迅）	孩子	0.48	0.27			像妈妈	像妈妈
	妈妈	0.47	0.3	0.01	－ 0.03		
	爸爸	0.44	0.33	0.04	－ 0.06		
第14组（田亮）	孩子	0.47	0.36			像妈妈	像妈妈
	妈妈	0.48	0.37	－ 0.01	－ 0.01		
	爸爸	0.41	0.45	0.06	－ 0.09		
第15组（谢霆锋）	孩子	0.49	0.36			像妈妈和爸爸	像妈妈
	妈妈	0.45	0.36	0.04	0		
	爸爸	0.45	0.42	0.04	－ 0.06		
第16组（成龙）	孩子	0.45	0.38			像爸爸	像爸爸
	妈妈	0.5	0.39	－ 0.05	－ 0.01		
	爸爸	0.45	0.38	0	0		
第17组（林青霞）	妈妈	0.43	0.33	0.01	－ 0.03		
	爸爸	0.42	0.36	0.02	－ 0.06		
第18组（莫文蔚）	孩子	0.41	0.35			像妈妈	像妈妈
	妈妈	0.38	0.35	0.03	0		
	爸爸	0.48	0.32	－ 0.07	0.03		
第19组（杨幂）	孩子	0.38	0.35			像爸爸	像妈妈和爸爸
	妈妈	0.34	0.31	0.04	0.04		
	爸爸	0.39	0.31	－ 0.01	0.04		
第20组（巩汉林）	孩子	0.46	0.33			像妈妈	像妈妈
	妈妈	0.47	0.31	－ 0.01	0.02		
	爸爸	0.43	0.3	0.03	0.03		

（4）分析：用 Excel 的作图功能，对数据进行进一步分析（图 5-8-2、5-8-3）。

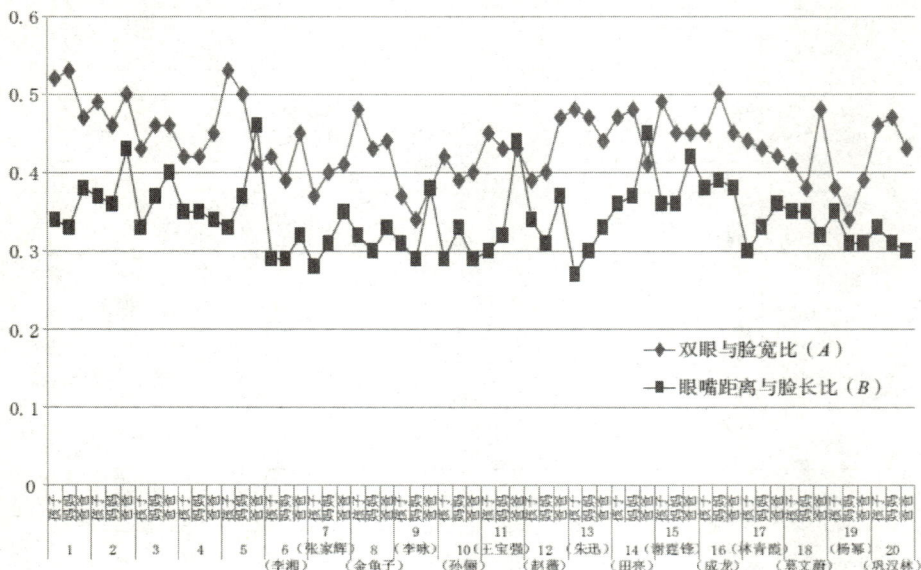

图 5-8-2 根据黄金比例做出的折线统计图

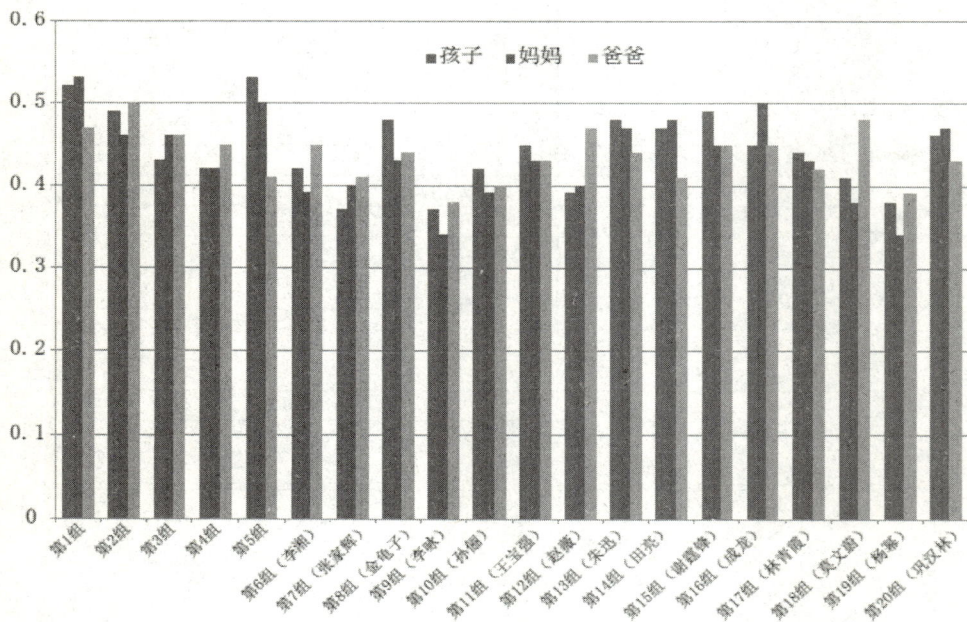

图 5-8-3 双眼与脸宽比

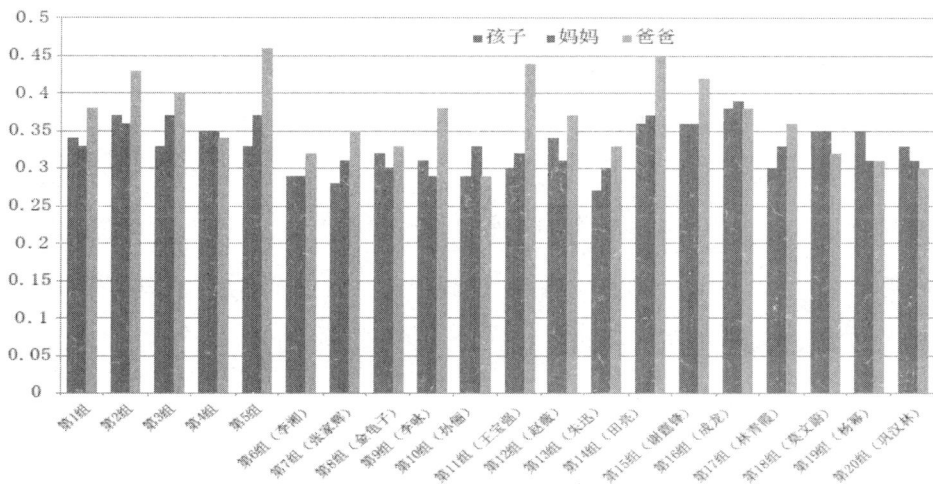

图 5-8-4　根据黄金比例做出的条形统计图

■ 探究结论

通过对 20 组数据的处理与分析，我们可以看出 20 组明星家庭孩子的脸部黄金比例有的像爸爸，有的像妈妈，还有几个孩子的脸部黄金比例和爸爸、妈妈都非常相似。因此，我们可以基本得到"黄金比例应该会遗传"的结论。

■ 体会与收获

我们的探究过程并不是一次就顺利取得了成功，而是经过失败、改进、再失败、再改进……记得我们初步只做了 5 组家人和同学家庭照片，而且只做了一个折线统计图。张天睿就对我说："数学老师不是说过吗，折线统计图能表示数据的变化趋势，而条形统计图才能清楚地表示数据的多少。要不咱们改用条形统计图吧！"

可是，使用两种统计图不是能使结论变得更准确、更具有说服力吗？我们反复改了好几遍，最终还是使用两种统计图。

但是，当我们很自信地把作品交给了科学课罗老师时，罗老师建议："你们的想法不错，就是数据量太少了，还可以多采集一些数据。

比如，向同学们要一些全家照片，或者在网上寻找一些我们熟知的明星家庭的照片进行测量并计算，看结论是否和你们的猜想一样。这样你们的作品才能变得更加丰富！"同时，家长们也不断地鼓励我们：

"不要放弃，你们现在距离成功已经不远了，只要坚持下去就一定会收获丰硕的果实"。于是，我们重新振作起来，分头行动。

很快，我们在网上就搜到了 20 组明星家庭的照片并重新用几何画板一个一个地测量，一个一个地计算。最终，成功晋级到了复赛。

通过黄金比例的试验，我们对科学知识产生了更加浓厚的兴趣，明白了在日常生活中遇到问题要善于总结、积极思考。并且发现问题要积极解决问题、毫不退缩，这样才能让我们面前的一个个问号化为句号。